시를 그리고 그림을 쓰다

최재목의 시와 그림과 에세이

최재목의 시와 그림과 에세이
시를 그리고 그림을 쓰다

초판 1쇄 인쇄 _ 2009년 10월 5일
초판 1쇄 발행 _ 2009년 10월 15일

지은이 _ 최재목
펴낸이 _ 이효수
펴낸곳 _ 영남대학교출판부
출판등록 _ 1975년 9월 5일 경산 제16-1호

주소 _ 경북 경산시 대동 214-1
전화 _ 053)810-1801~3
FAX _ 053)813-4027
홈페이지 _ book.yu.ac.kr

ISBN 89-7581-382-5 03810

*값은 표지 뒷면에 있습니다.
*잘못 만들어진 책은 바꾸어 드립니다.

최재목의 시와 그림과 에세이

시를 그리고 그림을 쓰다

글 · 그림 최재목

열린시선

❶

올해 마흔 아홉. 내년이면 벌써 쉰이다.

무언가 내 삶도 서서히 끝나간다는 생각과 함께 이제 새로운 길을 걸어야겠다는 강한 열망을 느낀다.

지금까지 참 부지런히 앞만 보며 달려왔다. 속도를 늦출 줄 몰랐다. 참 지독하게도 열심히 열심히만 살아왔다. 공부를 안 하면 죽는 줄 알았고, 놀면 인생이 무너지는 줄 만 알았는데, 돌이켜보면 그렇게 하지 않아도 되는 것을. 모두 착각이었다. 내가 상相을 만들어 두고 거기에 내가 목 조여 괴로워했다. '심신이 너덜너덜해졌다'는 느낌이다.

❷

최근에 출간한 시집 『해피 만다라』의 첫 머리에 있는 「꽃 앞에서」에 지금의 내 심정이 참 잘 드러나 있다.

꽃이 없다면 나도 없었을
저 들판 어딘가가 나인 줄도 모르고
그냥 잠들어 있었을
저 꽃에게

오늘 묻는다

그 앞에 내가 늘 서 있으면 안 되냐고
나도 꽃이면 안 되냐고

꽃이 핀다는 것은
발을 모으고 서서
내가 지금 여기 있다는 것

오늘 다시 묻는다

이 시는 '아홉'이라는 언덕에서 '열'로 넘어가는 마음은 흔하디흔한 들판의 야생화처럼 되고 싶다는 소박한 여망일뿐. 그렇게 되지 못한 현재에 대한 '물음'이 간절하다. 답도 없이 묻는 일에서 벗어나, 오십이 되면 이제 정말 무언가 내가 해야 할 일 하고 싶은 일을 해야겠다는 각오를 해본다.

❸

나는 다른 사람들처럼 골프나 테니스를 치지도 않는다. 특별히 잘 하는 운동도 없다. 그래서 최근 취미로 그림을 그려왔다. 그림이라 해도 전문가적 소양이나 기술을 갖춘 것도 아니다. 남들이 보면 그냥 아이들 장난치는 수준이다. 틈틈 생각나는 대로 낙서하듯, 끌쩍댄다. 그래서 나는 낙화落畵라 부르기도 한다. 낙화는 낙화落花와도 같다. 생각이 껍질 벗듯 툭툭 떨어져 내리는 것, 그대로 받아서 그리는 것이기 때문이다.

사실 나는 그림 그리는데 도구나 재료에 구애받지 않는다. 손에 쥔 것, 주변에 있는 것을 아무것이나 활용한다. 녹차가 있으면 녹차로, 치약이 있으면 치약으로, 볼펜만 있으면 볼펜으로 그냥 있는 것을 가지고 내 멋대로 그린다. 형식에 얽매이기 싫어서이다.

피곤한 틈틈 그림을 그리면서 나를 치유하고, 또 이런 마음을 잘 살려서 나의 생각을 입체화하고 구상화 시키는 훈련을 한다. 나의 인문학 작업에 힘을 더하고 싶은 것이다. 무형, 추상의 생각들을 PPT화 해내는 것은 실제 나의 학문적 문제의식을 갈고 닦는데 도움을 주고 있다. 꼬리에 꼬리를 무는 생각, 연상聯想의 힘을 빌어 공부를 해나가고 있는 것이다.

이제 더 능력이 미친다면 작곡을 해보고 싶다. 그래서 자그마한 작곡 발표회라도 가진다면 다행이다. 이렇게 '생각하기'가 '쓰기'⇄'그리기'⇄'소리'로 서로 연결되고, 상호 무한 소통적으로 구동驅動되는 것은 애당초 내가 구상한 '늪의 철학'의 방법이자 구체적 실천이다[이 구상은 『늪-글쓰기와 상상력의 유비쿼터스 네트워크』(영남대출판부, 2006)에서 보여준 바 있다]. 그림을 쓰고, 시를 그리고, 소리를 쓰고 그리고…. 가능한 일 아닌가. 나의 인문학도 이런 방식으로 키워가서 시적 예술적 상상력을 바탕으로 제 빛깔을 갖도록 하고 싶다. 이번에 책의 제목을 『시를 그리고 그림을 쓰다』라고 정한 것도 이런 이유 때문이다.

❹

나의 『시를 그리고 그림을 쓰다』에 실린 글들은 지금까지 몇 년간을 써온 에세이, 칼럼(《교수신문》의 「딸깍발이」), '철학이 있는 시'(시+해설+그림), 시평詩評, 강연록 등을 모은 것이다. 특히 이번에 실은 '철학이 있는 시'는 예문서원 간행의 『오늘의 동양사상』에 연재하는 것의 일부이다. 이것은 내가 쓴 시에다 나의 시작노트와 그림을 첨가한 것이다. 초창기의 글에는 그림이 없다.

덧붙인다면, 이번에 내가 평소 존경하는 우리 대학 교양학부 박홍규 교수님과 함께 그림 전시회를 열게 되었다. 별도로 그림 작품집을 간행할 여유가 없어 나는 이 책에 내 그림들을 함께 싣기로 했다. 그림에는 한 줄의 해설을 덧붙였다.

남들이 보면 '철학하는 사람이 무슨 그림 전시회를. 지(자기) 하는 일이나 잘 하지….'라며 혹평을 할지도 모르기에 미리 그림 전시회의 인연에 대해 변명을 좀 해둬야겠다.

몇 년전 나는 그림에 대해 평론도 하고 실제 그림을 그리기도 하는 박홍규 교수님께 그림 전시회를 한번 열자고 농담반 진담반으로 제안한 적이 있다. 그 이후 잊고 지내다가 올 여름 방학 초 어느 날 우연히 박 교수님을 만나 점심 때 국수를 먹으면서 그 얘기를 다시 꺼냈더니 흔쾌히 나의 제안을 받아주셨다. 올 10월 중 중간고사 기간 중, 우리 대학 중앙도서관 1층 로비에서 각 서른 점 씩 출품하자는 약속을 하고 곧바로 장소도 예약했다. 그런 뒤 박 교수님은 한 달 간 인도 여행을 떠났고, 거기서 보고 느낀 것을 스케치하여 귀국 후 작품을 마무리했다. 나는 평소 떠오른 생각들을 그림으로 그려왔고, 지난번 출간한 몇 권의 책에 찔끔찔끔 선을 보이기도 했지만 사실 전문적으로 그림을 그린 것도 아니고 소질도 없다. 그래서 이번 전시회 약속을 하고 무척 부담이 되었다. 그림도 잘 모르는 터고, 더구나 남들에게 미숙하고 초라한 나의 작품들을 선보인다는 것이 보통 신경 쓰이는 일이 아니었다. 그러나 어쩌겠나. 이미 엎지른 물. 더욱이 집에서 작업을 하니 방 어지럽힌다고 마누라와 딸의 잔소리가 심했다. 할 수 없이 나는 작업을 복잡한 연구실에서 할 수 밖에 없었다. 가뜩이나 좁은 방에 여기저기 물건이 흩어지고 꼴불견이었지만 그나마 시간을 내어 의무를 달성하게 되었다.

나는 내가 무엇을 표현하고자 했는지도 잘 모른다. 그렇다고 내가 표현한 것이 꼭 내 방식대로 남에게 전해지리란 기대도 하지 않는다. 여하튼 '내질러진', '저질러진' 일이 되어 버렸다.

❺

사십 아홉. 무언가 끊임없이 허물어지고 무뎌져간다는 느낌이다. 상상력은 줄어들고, 욕심은 늘어간다. 허망함은 커지고 자기 합리화나 변명은 늘어만 간다. 생각해보면 한없이 측은하고 불쌍한 일들만 내 삶을 가로막고 서는 느낌이다. 이래선 안 되겠다는 생각.

여기, 나의 쓸쓸하고 고단했던 지난날을 추모하고, 내 퇴락하는 상상력을 위로하며 이 책을 엮어 바친다. 글 속에 박힌 그림들은 내 상처에 바른 고약膏藥이고, 치유의 표현이다. 그나마 나의 인문학적 작업에서 '동심' 을 지켜주는 시적, 예술적 감성이 남아 있음을 감사할 따름이다.

늘 나의 뜻을 이해해주시고 격려해주시는 박홍규 교수님께도 감사드린다. 아울러 상업성 없는 이 책을 흔쾌히 출판해주신 영남대출판부 측과 책이 간행되기까지 나를 도와준 영남대 대학원 한국학과 박사과정 정다운, 그리고 석사과정의 손지혜와 이효진, 건축학부 석사과정 곽재관에게 감사의 인사를 드린다.

2009. 10. 1

木耳書齋에서 최재목 쓰다

Contents차례

1부 시적 상상력으로 세상을 찝쩍대다

詩, 세상을 떠도는 기술 혹은 물음

■ 장난 끼와 호기심

나는 장난 끼와 호기심이 많다. 잠시라도 가만히 있지 못한다. 어떻게든 꿈쩍대야 안심이 되다. 뭐든 하고 있어야 만족한다.

가만있지 못하는 내 성격이 항상 남들에게 큰 피해를 주고 있다는 반성도 한다.

그러나 솔직히 내 생각의 속력은 이런 장난 끼와 호기심을 연료로 해서 얻어내는 것이다. 생각에 속력이 나지 않으면 삶의 의미가 없어지고 무기력해진다.

■ 생각의 속력

생각에 속도가 붙으면 삶에 또 다른 풍경이 만들어진다. 일상의 평범한 것들이 입체적으로 느껴지고, 내 곁의 흔한 일들이 낯설고 색다르게 다가온다.

'서리에 물든 잎 봄꽃보다 더 붉네' 霜葉紅於二月花라고 하듯, 사물의 아름다움은 이파리를 변화시키는 '서리' 처럼 풍경을 다르게 하는 그 무엇으로 해서 만들어진다.

■ **물음에 기대어**

'배움으로써 삶을 끝낸다學以終身'・'배워서 늙음에 이른다'學到老라는 멋진 말이 있듯, 삶 자체는 배움으로 가득 차 있다.

그리고 배움은 늘 '물음'에서 출발한다. 물음이 없는 삶은 죽은 삶이다. 답이 없어도 차라리 묻는 것이 낫다.

물음에서 배운다. 묻지 않으면 배울 수 없다.

하지만, 사람은 사람에게서만 배우는 것이 아니다. 다시 말해서, 사람을 가르치는 것은 사람만이 아니다. '나이가 사람을 가르친다'고 하듯이, 시간도 우리의 스승 역할을 한다.

세월이 '약藥'이 될 때가 있듯 '그냥 놔두는 것'에서도 우리는 배우지만, 배우고자 한다면 가만있지 말고 물어야 한다.

■ **생각의 가속 페달, 물음**

생각의 속도가 고정되면 그때까지 새로웠던 것들, 일들도 다시 재미를 잃고 '뭐 그렇고 그런'식이 되고 만다.

여기에 힘을 주는 것이 '물음'이다. 물음은 생각의 가속 페달 역할을 한다. 묻지 않으면 아무 것도 얻을 수 없다.

가속 페달을 밟지 않으면 속도가 생겨나지 않듯, 묻지 않으면 생각의 힘이 생겨나지 않는다.

■ **'변화'라는 거울**

시간은 변화를 말한다.

바뀌고 달라진다는 사실에 우리는 자신을 비추어보고 자신을 알아간다.

변화는 우리들 삶의 소중한 '거울' 이다.

거울이 없다면 내 얼굴을 어디서 객관적으로 비춰볼 수 있을까.

이처럼 시간은 사람에게 자신과 바깥의 것들이 '허망함' 을 일깨워주고, 그 허망함에서 무언가를 배우게 한다.

모든 것은 왔다가 간다. 갔던 것처럼 무언가 또 다시 온다. 그렇게 '왔다 갔다 한다' 는 사실을 아는 것은 그것을 모르는 것 보다 우리에게 진실로 소중한 경험을 안겨준다.

어디 시간뿐이랴? 바람도 구름도, 들풀도 나무도, 돌도 개천도 사람을 가르친다.

우리 눈앞에 모습을 드러낸 것들, 내 앞에, 곁에, 위 아래로 '있다' 고 믿는 것들은 모두 순간순간 본래의 그것이 아닌 상태로 있다. 꽃도, 바람도, 구름도, 내 얼굴도 잠시도 가만있지 않고 수시로 바뀐다.

모든 것은 스스로 바뀌면서 자신을 유지하고 있다. 조금씩 바뀌고 달라지면서 있는 것이다.

'그것 아닌(非A)' 형태로 '그것(A)' 을 유지하는 것이 나와 우리 눈앞에 있는 모든 것들이다.

■ '그 본래-모습-작용' 의 응시

원래 아무 것도 없는 데[體]서 생각도 사물도 생겨나고 만들어진다[相]. 일단 만들어지고 생겨난 뒤에는 수많은 변화와 작용들이 생겨난다[用].

원래 아무 것도 없는 데, '그 본래' 에서 수많은 것들의 '모습' 이 생겨나와, 오고 가고, 왔다 갔다 하는 '작용' 이 생겨난다.

예컨대 달리는 차들을 상상해보자. 그것이 조립되기 전에 아무 것도 없었다[體]. 아무 것도 없었던 그곳을 일단 응시해보자.

그 다음에, 사람들이 이런 저런 수많은 부품들을 가져와 조립을 하면 차라는 형체가 만들어진다[相]는 것을 상상해보자. 이처럼 조립된 차를 응시해보자.

마지막으로, 잘 조립된 차의 움직임(활동이나 작용)[用]을 상상해보자. 차는 사람을 태워서 고속도로를 달려 목적지에 도달하는 등 수많은 움직임을 통해 유용함, 편리함 등을 우리에게 가져다준다. 이러한 차의 움직임(활동이나 작용)을 응시해보자.

■ 사思와 상想을 찝쩍대기

'그 본래-모습-작용'을 각각으로 뜯어보고, 그것들을 한군데로 다시 붙여보고 하다보면 늘상 보던 것에서도 '풍경'이 생겨난다. 입체적인 구상構想을 얻어내는 것이다. 생각[思]과 상상[想]을 다뤄서, 언어적 표현으로 연결시키는 능력이 탄생하는 것이다.

생각을 쪼물락거리고 찝쩍대다보면, 세상과 사물의 보이지 않던 면(이면, 측면, 단면 등등)이 얼핏 얼핏 엿보이게 된다.

사람에 따라서 보고 듣고 느끼고 맛보고 하는 이른바 '느낌[受]'에 뛰어난 사람이 있다. 예컨대 오디오-음악, 비디오-영상-회화를 좋아하는 사람 즉 예술적 인간은 여기에 속할 것이다.

또 어떤 사람은 무언가를 우주나 미지의 세계에 연관시켜 공상하고, 논리적으로 추리하고, 상식을 넘어선 사고로 무엇을 새롭게 기획하는 이른바 '구상력[想]'이 뛰어난 사람이 있다. 예컨대 우주, 신, 사물의 본질에 대해 묻기를 좋아하는 종교적, 철학적 인간이 여기에 속한다.

어느 쪽이든 모두 '그 본래-모습-작용'을 꿰뚫어보고 다루는 능력과 연결되어 있다.

■ 물이 흐르고 꽃이 피는구나[水流花開]!

사고의 속도, 언어를 다루는 능력은 '그 본래-모습-작용'의 응시에서 탄생한다. '그 본래-모습-작용'의 응시를 닦달하는 시 한편이 문득 생각난다.

만리 푸른 하늘에서
구름이 일고 비가 오는구나!
빈산 아무도 없는 데서
물이 흐르고 꽃이 피는구나!

萬里青天, 雲起雨來
空山無人, 水流花開

■ 언어, 그 허망함에 기댄 시

언어로는 절대와 영원을 드러낼 수 없다. 그렇다면 시로 무얼 드러낼 수 있을까?

시라는 언어도 결국은 허망한 것일 뿐이다.

그러나 우리가 시를 쓰면서, 시에 의지한 까닭은, 언어라는 허망한 수

단(형식)에 기대어 무언가(의미)를 지시하고자 하는 것이다. 가리키고 싶은 것이다. 가리켜서, 찾아내고 싶은 '의미'에 다가서려는 것이다.

하도 속내[意]가 답답하니 말[言]로 하고, 말로 해도 속내가 안 풀리니 글로라도 쓰는[書] 것이다.

그래서 말한다.

> '시에 기대는 까닭은, 허망(=허구)에 발을 디디고 서서 진짜(실상)가 저것이라고 가리키려는 것뿐이다[所以依詩, 卽虛顯實]'

라고.

■ 글-단 한 벌의 외출복

나에게 시는 세상을 떠돌 때 입는 단 한 벌 밖에 없는 외출복이다.

나는 에세이집 『사이[間]에서 놀다[遊]』를 내면서 그 서문에 이렇게 쓴 적이 있다.

> "글은 나의 짝퉁도 나의 카피도 아니다.
> 내가 이곳저곳을 강처럼 흘러 떠돌던 흔적이며, 그대로 나이다.
> 내 삶이다.
> 글은 단 한 벌 밖에 없는 내 외출의 복장이다.
> 허망하다 해도 글에 기대지 않고는 나를 드러낼 길이 없지 않은가?
> 어쩔 수 없다.
> 옷 없이는 벌레 많고 온도차 심한 바깥세상을 맨몸으로 떠돌 수

없지 않은가?

삶은 글쓰기이다."

자신의 외출복을 손수 만들거나 수선해서 입을 수 있는 사람은 벽촌 오지로도 홀로 떠돌 수 있다. 시인에겐 그런 능력이 있다.

■ 시, 세상을 떠도는 기술

그렇다. 시는 내가 세상을 떠도는 기술이다. 그리고 세상에 대한, 나에 대한 물음이다.

떠돌며 머물고 싶지 않은 유랑자는 '물음'이라는 생각의 가속 페달을 늘 밟아야 한다. 그런 가속 페달이 없는 사람은 정처定處가 있는 자들이다. '오늘도 걷는다마는 정처 없는 이 발 길'의 불행에 기대어 시는 더 행복해 질 수 있다.

그러나 아무나 언어의 문제아로 떠돌 수 있는 것이 아니다. 생각의 속도계를 지켜보는 눈이 있어야 한다.

잠들지 않고 깨어 있는 눈. '잠들지 마라 잊혀져간다!' - 잠들면 핸들을 놓치고, 길이 어딘지도 모른다.

시는 고통의 대피소가 아니라 바로 고통의 사고 현장을 수습하는 곳이다.

생각과 언어의 사고事故를 치지 않으면 시는 가난해진다.

아니, 가난을 견디다 못해 그만 자살하고 만다.

[『해피만다라』해설, (시와 에세이, 2009)]

시, 정처 없는 자들의 행복 찾기

나는 내 시집 『해피만다라』(시와 에세이, 2009)의 해설 부분에서 "시는 내가 세상을 떠도는 기술"이라고 말했다. 그리고 "떠돌며 머물고 싶지 않은 유랑자는 '물음'이라는 생각의 가속 페달을 늘 밟아야 한다."고도 했다. 그래서 "사고事故를 치"며 다니는 것이 나의 시작詩作이다.

그러나 분명한 것은 시가 일을 저질러대는 것만은 아니다. "시는 고통의 대피소가 아니라 바로 고통의 사고 현장을 수습하는 곳"이기 때문이다. 사고 현장은 짜디 짠 소금의 집들, 소금의 언덕으로 가득하다. "소금의 별/소금구름/소금의 산책/소금노래"로만 가득한 곳이다. 그래서 이렇게 밖에 노래할 수가 없다.

그러나 난
갈 수가 없네
그 높고 눈부신 상처
절망의 이마 빛나는
내 며칠간의
잠

불면의 언덕

모래 바람에 매달린

추억 한 송이

(「소금호텔」 일부)

시는 내 스스로를 지키는 백신이다. 내게서 일어나는 복잡한 일들을 시가 처리해준다. 마치 다음의 '웅크린 돌'처럼 말이다. "돌 하나 웅크려/노려보는 건/터널,//터널 속을 빠져나오는/쥐처럼 찍찍대는/차들 (중략)/발톱을 치켜세우고/돌은/그놈들/고요해지는 날을 기다릴까"(「웅크린 돌 하나」 일부). 그렇다면 내 몸은 이미 전체가 첨단의 '무기'이며, '불법무기류 자진 신고 기간'이란 현수막에도 움찔거린다. 그것은 "세상의 모든 수상함에 촉각을 곤두세우는 버릇"(「불법무기류 자진 신고 기간」 일부)이다.

우리 삶은 가짜일지도 모른다. 이런 가짜일지도 모를 삶을 명품의 "진짜 소가죽 가방"처럼 우리들은 열심히 껴안고 살아간다. 그러나 "천연天然이라는 것들의 아픔/슬픔…/애써 숨길 수 없는 흔적/진짜란 것은 항상 가짜보다 더 아프게 살다가 죽어간다"(「명품 소가죽 가방」 일부).

아니 우리는 천연, 진짜를 그리워하지만 진작에 그런 것들은 없다. 그래서 즐겁게, 행복하게 살기 위해서는 아예 삶에서 큰 기대를 하지 않는 것도 한 방법이다. 마치

따뜻한 일들은 혼자가 아니라

저렇게 여럿이서 지랄을 떨다가도

가끔 통 속을 벗어나 홀로 내동댕이쳐

쓸쓸히 차가워져버리지만

누가 말리겠나

(「경산시장에서」 일부)

처럼 말이다.

우리는 기대하지 않고 길을 걸어간다. "오늘은 어제와 같고/이제는 그저께와 같고/또 그저께는 그 전날과 같았다./아, 정말 할 일 없는 하루였다."(「어제와 같은 오늘」 일부)처럼, "순간에도 다가서지 못하고/영원이란 건 더더욱 알 턱도 없는" 길을 걸어가는 '벌레' 처럼, "보일 듯 말 듯한" 우리들만이 "아는 길 따라/끊임없이"(「무슨 흔적이 남았을까」 일부) 가야한다.

이렇게 조심스레 살아가도 '나' 로서 살아간다는 것은 정말이지 "너를 긁어 나를 부스럼 내는 일"(「너의 부스럼을 긁어 날 상처내다 」 일부)일 뿐이다. 그러기에

한없이 쌓였다
쓸려가고,
쓸려갔다 다시 쌓여오는
끝없는
저, 먼지와 바람의
허허벌판

(「이 풍진風塵 너머」 일부)

을 사랑할 줄 알아야 한다. 이런 허허벌판은 "거기 아무도 없"던 애당초 "부재였"(「이 풍진風塵 너머」 일부)던 곳이다. 그것은 실제로 황당하기 그지없는 우리 눈앞의 "발거벗은" 세상이다.

희망은 늘 이렇게 절망에 빌붙고
삶은 죽음에 얹혀살면서
가끔 뾰쪽이 맨 머리를 내밀어
허공을 살핀다

그냥 놔둬라
그놈 오래 못 버틸거다
발가벗은 놈

춥다, 우연은
(「춥다, 우연은」 일부)

그래서 이런 생각도 해본다. 누군가 주문을 해놓고 달아나버린 못 가에서 사각 알루미늄 자장면 배달통을 든 주변 중화 요리집 아르바이트 배달부가 짜증스러워 연신 오토바이 클랙슨을 눌러대듯 삶은 짜증스런 일이라고. 그렇다.

기어코 만나야 할 것들도 가끔은 저렇게 뿔뿔이 흩어져 애태우며 모른 채 왔다가 우두커니 지나쳐버린다 급회전할 때마다 햇살에 비쳐 반사되는 삶의 은륜銀輪 순간순간을 철밥통처럼 챙겨 들고 아무도 기다려 주지 않는 길 위를 우린 저리 황당하게 빙빙 겉돌고 있는지도 모른다 뒤돌아 설 때일수록 더 애타도록 빛나 보이는 허망한 것들, 연방 클랙슨을 눌러대고 있다.

(「아무도 기다려 주지 않는 굉음」 일부).

아무도 모른다. 그것이 왜 그런지. 왜 그렇게 비비꼬여서 돌아가고 있는지. "누군가, 아! 아버지아버지아버지, 아버지아버지아버지, 아버지아버지, 아부지- 하고 기도를 한다 해도/내가 열리면 누군가 찾아올 것을/아버지는 모른다/그 아들도 아들의 아들도"(「겨울에서 바로 여름으로」 일부) 모른다.

이처럼 모른다는 것만 알고 사는 것도 행복하다. 행복은 모르는 것에 대한 '물음'으로부터 온다.

닭 쫓던 개처럼
멍하니
북어대가리를 씹다가,

문득 묻는다
내가 문어文魚일까 문어文語일까
(「文語 한 마리」 일부)

꽃이 없다면 나도 없었을
저 들판 어딘가가 나인 줄도 모르고
그냥 잠들어 있었을
저 꽃에게

오늘 묻는다
(「꽃 앞에서」 일부)

만일 시가 "세상을 떠도는 기술"이라면 시를 쓰는 동안 그 기술을 발휘할 수 있기에 행복의 기술마저도 익힌 것이라 할만하다. 행복은 정처定處 없는 자들이 정처를 찾는 기술에서 나온다. 그 기술은 쓰러지지 않는 "마음의 빛"을 쌓는 일, '해피만다라'를 갖는 일이 아닐까.

행복은
말이 아니라
마음의
빛,

(중략)

동과 서
남과 북
위 아래가
서로
밀고 당겨
결코 넘어지지
않는 곳
(「해피 만다라」 일부)

[〈자작시 엿보기〉『시에』, (시와 에세이, 2009)]

詩的 想像力의 活看을

4월 초 용인 민속촌에 들러 조선시대 양반들이 살던 한옥을 둘러볼 기회가 있었다. 문득 집 한쪽 기둥에 붙은 「천지간시서최귀天地間詩書最貴」란 입춘立春 축구祝句가 눈에 들어왔다. 그 때 내 머리를 스쳐 지나가던 생각. '전통시대에 시詩란 천지를 알게 하는 밑천이었구나!'

공자도 자기 아들 리鯉에게 시경詩經의 주남周南과 소남召南의 시를 읽도록 권하였다. 시를 읽지 않으면 마치 '벽牆'을 마주하고 있는 것과 같다고 했다. 시가 사물 · 사회의 다양성을 알려 주고, 인간의 심성 · 덕성을 북돋아주며, 다른 사람들과 교류 · 소통하며 살아가는 힘을 길러준다고 보았기 때문이다.

우리 사회에도 시적 상상력이 살아 움직이던 건강한 때가 있었다. 사랑을 고백하는 수사, 항거의 혀, 더러운 바깥을 향해 뱉는 침으로써 시는 살아있었다. 도구화 된 이성理性의 골을 때리며 시는 '살아있는 관찰력活看'의 가늠자 역할을 해왔다.

사회에서나 대학에서나 이제 그런 꿈틀대던 시의 힘, 시적 상상력을 기대하기 힘들다. 철학하는 사람들도 삼경三經이 뭔지 지껄여대지만 시경詩經은 거의 읽지 않고, 사상가들의 문집을 들춰 연구를 해대지만 그 첫머리를 장식하는 시편詩篇들을 거의 무시한다. 시에 대한 지적知的 관심은 전공자의 논문 속에서나 발견되며 인문적 교양의 기반을 이루진 못했다. 논리-논문에 안주한 인문학자들은 자신이 만든 투명 유리관 속에 스스로를 가두어 버렸다. 직관과 감정을 솔직하게 표현하지 못하고, 감성을 장막 뒤에 숨긴 채 '나'라는 직함을 떳떳이 소개하지 못한다.

야생으로 번득이던 시적詩的 감각들은 이제 거의 돈 되는 곳으로 몰려가 영상 이미지와 결합하거나 엄청난 몸값의 광고 카피로 이직移職하여 돈맛에 젖었다. 시대는 운문에서 산문으로 전환되었고, 직관적 언설보다는 스토리텔링을 필요로 하고 있다. 문단은 또 어떤가? 각종 문예지는 시인 자격증을 파는 장사꾼으로 전락했고, 각종 문학상은 학연, 지연에 기반해 나눠먹고, 각종 문단 파벌은 패거리들을 전사戰士처럼 거느리며 멤버들만의 아성을 쌓아왔다. 중앙과 지역의 문학 단체들은 시인들의 정치적 욕망을 채울 감투를 제공하며 시인들을 권력화해 왔다.

나도 시詩를 쓴다. 그러나 가능한 한 시인들을 만나지 않고 문단에도 출입하지 않는다. 내가 시를 쓰는 것은 단지 내 스스로의 골칫거리를 치유하고, 허물어지기 시작한 상상력을 갈고 닦아 학문과 생각의 젊음을 지켜갈 수 있기 때문이다. 시는 나를 치유하는 의사이자 새로운 발상을 만들어 내는 생각의 요리사이다. 사실 시 쓰기는 돈 되는 일도 아니고, 연구 업적 쌓는 일도 아니다. 스스로를 위한 것이지 남을 위한 것도 아니다. 머리가 복잡할 때, 일이 꼬일 때, 스트레스가 쌓일 때, 논문 진도가 안 나갈 때, 시는 그런 고난을 영양소로 발아한다. '철학하는 놈'이 한가하게 무슨 시나 쓰냐며 가끔 주위로부터 비아냥거림도 듣는다. 별 신경 쓰지 않는다. 누군가 나더러, '할 일이 없어' '시간이 남아돌아' 시를 쓴다고 생각하면 그건 사실 오산이다. 나는 실제로, 페달을 밟지 않으면 쓰러지는 자전거처럼, 일과의 바퀴를 힘겹게 돌리며 살아간다.

대학 교수 생활은 솔직히 말해서 단조롭기 그지없다. 타성에 젖고 보수화되어 권위에 안주하기 시작하는 순간, 창의성보다는 아카데미즘에 기대고 상상력보다는 매너리즘에 친하다. 나는 그런 것이 싫은 것이다. 굳어 있는 생각과 풍경을 흔들고 찝쩍대며 일깨워 가지 않으면 시선은 고착되고 발상법은 녹슨다. 개 한마리가 그림자를 보고 짖으면 개 백 마리가 그 소리를 듣고 덩달아 짖는[一犬吠影, 百犬吠聲] 분위기에 갇힐 때 한껏 튀는 생각이 나올 리 없다. 시는 원초에 돌아가서 사물을 다시 바라보는 눈, 무언가를 입체화하고 직관적으로 이미지화하는 힘을 가져다준다. 발상법의 '차이'는 평범한 일상에서 결국 '일을 저지르는' 것이니, 튀면 후회가 있을 거라는 '항룡유회亢龍有悔'란 교훈마저 버릴 수 있어야 한다.

교과부 산하 3개 연구관리 전문기관인 과학재단 · 학술진흥재단 · 국제과학협력기술재단이 통합되어 6월말 한국연구재단으로 출범할 예정이다. 이제 그 재단이 어떤 새로운 학문의 융합[梳 · 量]통합을 이뤄낼 것인지 기대보다 걱정이 앞선다. 자, 인문학은 어떤 새로운 길을 열아 갈 건가. 지금 시적 상상력에 빗대어 학문의 活看을 꿈꿔 본다.

[「딸깍발이」『교수신문』, (교수신문사, 2009)]

'열 자의 詩, 100자의 풀이'

– 고요

소리의 상처가 아무는 틈

가끔 고요를 느낄 때가 있다. 그런데 무음無音이 아니다. 고요는 저음低音을 넘어선 저음低音, 고음高音을 넘어선 고음高音. 순음純音과 잡음雜音의 균형이 만든 물집, 소리의 상처가 아무는 틈. 허虛의 시간이다.

『사이[間]에서 놀다[遊]』 간행에 부쳐

"길은 걸어다니니까
그렇게 만들어지고,
사물은 그렇게 부르니까
그렇게 이름 붙여진 것이다."
道行之而成, 物謂之而然
(『장자』「제물론」)

❶

지난 2005년 10월, 이전에 일간지나 잡지에 써 왔던 칼럼, 에세이 등을 모아 『삶은 글쓰기다』라는 제목으로 출간한 일이 있다. 사회의 풍경을 바라보며, 비평한 글이 대부분이었기에, 재미있는 글이 아니었다. 따라서 세간에 별 인기가 없었다. 간혹 시내 고등학교 등에서 글쓰기 교재로 찾는 경우가 있어 그나마 체면치레는 했다는 생각이다.

책의 머리말에서 "나는 순잡불이純雜不二라는 내 방식의 글쓰기를 계속해 갈 것이다."라는 말을 한 기억이 난다. 논문이든 칼럼이든 수필이든 시이든 나에게는 모두 동등한 가치·비중의 글쓰기라는 말이다. 그러니,

어느 게 순純이고 어느 게 잡雜인가의 구별이 없다. 사실 어느 글 하나도 속 편하게 탄생한 것은 없다. 모두 다, 진흙탕 같고 시장바닥 같던 내 삶의 진면목을 베껴 적은 필사본들이다. 겉은 단정하고 깨끗해 보여도 속은 썰렁하고 더러울지도 모른다. 그러나 결국 그 겉과 속은 둘이 아니다[不二]. 하나이다.

❷

글은 나의 짝퉁도 나의 카피도 아니다. 내가 이곳저곳을 강처럼 흘러 떠돌던 흔적이며, 그대로 나이다. 내 삶이다. 글은 단 한 벌 밖에 없는 내 외출의 복장이다. 허망하다 해도 글에 기대지 않고는 나를 드러낼 길이 없지 않은가? 어쩔 수 없다. 옷 없이는 벌레 많고 온도차 심한 바깥세상을 맨몸으로 떠돌 수 없지 않은가? 삶은 글쓰기이다.

❸

이번에도 교수신문, 잡지 등에 실렸던 칼럼, 대학생 · 시인 · 일반인을 대상으로 행했던 강연록, 기타 잡문을 한데 모아 『사이[間]에서 놀다[遊]』라는 제목을 달아 간행하게 되었다.

『사이[間]에서 놀다[遊]』에서 '사이'란 무엇인가? 흔히 이야기 하는 철학, 문학, 문화 등의 이미 만들어진 지知와 사고思考 영역 · 경계선의 '틈바구니'를 말한다. 그 틈바구니는 흔히 방치되거나 개발제한구역으로 묶이기 쉽다. 그 구역의 앎은 '제도화 된 지식'=제도지制度知만으로도, '삶의 경험에 의해 이루어진 지식'=경험지經驗知만으로도 규정할 수 없는, 둘 다를 아우르는 앎인 경우가 많다. 나는 요즘 여기서 놀기에 익숙해져 가고 있다. 기웃거리기도 하고, 멍하니 앉아있기도 하고, 뛰어다니며 두드려보기도 하며 스킨십을 하거나, 무작정 떠돌다가도 눈여겨 관찰하기도 한다. '논다[遊]'는 것은 이러한 일련의 행위를 말한다. 소요逍遙하는 일이다.

아울러, 지난번의 책과 마찬가지로 이번에도 틈틈이 그려온 서툴고도 어색한 낙서 같은 그림을 함께 싣는다. 그림도 글과 마찬가지로 내 외출의 복장이자 내 속이 훤히 보이는 삶의 흔적들이다. 부끄럽지만 어쩔 수가 없다.

❹

어디선가 '입 다물어라! 입 다물어라! 입 다물어라![默默默]', '쉬어라! 쉬어라! 쉬어라![休休休]'고 하는 것 같다. 그러나 진짜로 입 다물고 쉬기 위해서 앞으로도 몇 번 더 이런 식의 책을 써야 할 것 같다.

[『사이[間]에서 놀다[遊]』 머리말, (해조음, 2008)]

'붉은/푸른' 상처로 그린 작묘도鵲猫圖

– 이원식 시집 『리트머스 고양이』 해설

■ 해설을 맡으며

지난 7월 어느 날, 가끔 만나는 시인 한 분이 찾아와 이원식 시인의 『리트머스 고양이』라는 제목의 제 2시조집 원고를 보여주고는 여기에 해설을 좀 써달라고 부탁을 하였다. 단시조 80편을 5부 – 제1부: 생生의 시울, 제2부: 리트머스 고양이, 제3부: 날마다 산방山房, 제4부: 풍뎅이를 위한 시, 제5부: 소중한 편린片鱗 – 로 구성한 시조집이었다.

사실 나는 시인도 잘 모를 뿐 아니라, 시 해설을 써본 경험이 적어, 대답을 하지 않고 '어쩌지…' 하며 좀 머뭇거렸다.

그런데 원고를 조금씩 읽어가노라니 시인 자신이 이미 불교에 깊이 발을 들여놓고 있으며, 시상詩想 자체가 불교적임을 알 수 있었다. 특히 제3부는「은밀한 수행修行/겨울 암자/ 어떤 순례巡禮/날마다 산방山房/폐사 연등廢寺 蓮燈/108배 하는 동안/꽃과 바람–설산스님의 입적/겨울, 동학사/겨울 화두話頭」등의 제목에서 느낄 수 있듯이 모두 불교와 관련된 작품들이다. 최근 나도 불교에 관심을 기울이고 있는 터라 흥미를 갖고 시를 찬찬히 음미하게 되었다. 더욱이 시인의 시적 자아는 '여성적' 이라 할 만큼 매우 여리고도 섬세함을 알 수 있었다. 세상과 접하면서 이래저래 참 많이도 긁혔을 삶[生]의 '상처'가 색채감 있게 점묘點描되어 표현된

곳곳에서 공감하는 바가 많았다.

나는 이처럼 시인의 시적 자아에 호기심을 가지면서 주제넘게도 해설을 맡겠다고 말을 해버렸다. 시인의 상처에 바를 고약을 대신할 조언이라도 해야겠다는 생각에서였지만, 시인의 상처에 약발이 있을지 두렵기만 하다.

■ 피 흘리는 자아 – '붉은/푸른' 리트머스 고양이

이원식의 시조집 『리트머스 고양이』는 제목을 봐서는 이해가 쉽지 않은 점이 있다. 시조집의 제목이 된 작품이 '리트머스 고양이'이다. 왜 하필 '리트머스'와 '고양이'를 합해서 제목을 만들었을까? '리트머스'와 '고양이'는 뭔가? 등등 많은 생각이 들기도 한다.

그래서 실제로 '리트머스 고양이'를 읽어보니, 시의 맨 마지막에 '붉은/푸른'이란 말이 나온다. 이 구절을 읽고 나는 그 상징을 통해서 어느 정도 해답을 얻을 수 있었다.

우선 '리트머스litmus'란 무엇인가? 리트머스는 화학 용어이다. 즉 그것은 이끼 종류의 식물에서 짜낸 자줏빛 색소로서 알칼리를 만나면 푸른색이 되고, 산을 만나면 붉은색이 되므로, 알칼리성인지 산성인지를 검사하는 지시약으로 쓴다. 리트머스가 알칼리에서 '푸른 색'을 산성에서 '붉은 색'을 보여주듯이, 고양이를 리트머스에 비유하여, 그것(=고양이)이 어둠/상처와 빛, 고독/아픔과 열락 등을 만나면서 '붉은/푸른' 반응을 보이는 것을 의미하고자 했다는 점을 직감할 수 있었다.

인적 없는 곳에서는
바람도 꽃이었다

꽃이 되고픈 길고양이
바람의 잎을 떼고 있다

상처 난 발자국 따라
수놓는 헌화獻花

붉은,
푸른

-「리트머스 고양이」 전문

이 시조를 읽어보면 알 수 있듯이 이원식 시인은 한 마리의 고양이가 〈어둠/상처/고독/아픔=산성〉→〈'붉은' 빛 반응〉, 〈빛/열락=알칼리〉→〈'푸른' 색 반응〉 식으로, '리트머스 대 고양이'를 절묘한 색채 감각의 틀 내에서 비유하여 시적 자아를 열어 보인다. 이를 정리하면 아래 표와 같다.

'붉은'	←	헌화	←	상처(난 발자국)	←	바람	←	고양이	←	(바람의) 잎	←	꽃	←	'푸른'
								리트머스						

시인의 '자아'는 〈리트머스 - 고양이〉에 투영되고, 사물에 대응하며

'붉은/푸른' 색감으로 알록달록한 '꽃무늬' 처럼 드러나는 대목에 이르면 참 눈물겹기도 하다. 자아는 '붉은/푸른' 피를 흘리며 서 있는 것이다. 아파도 겉으론 아프지 않은 채 웃고 있으면서(←푸른) 속으로는 눈이 벌겋도록 울고 있는(←붉은) 것이다. 그것은 모든 중생들의 삶이기도 하며, 그런 삶을 위해 올린 '헌화獻花' 이기도 하다.

■ 새와 고양이로 짜낸 세계 – '작묘도鵲猫圖'

이원식의 시조집『리트머스 고양이』에는 제목에서부터 이미 암시하고 있듯이 '고양이' 라는 시어가 많이 나온다. 이와 더불어 '새' 라는 말도 많이 등장한다.

실제 시인의 시조집에서는, 인간 '세상 밖' 에서 살고 있는 '고양이' 와 '새' 가 매우 중요한 위치를 차지한다. 이 두 이미지는 그의 '상처 입은 자아' 를 이리저리 끌고 다니며 이곳저곳에 핏자국을 만들면서 상처가 만든 꽃밭을 통해서 시 세계를 확대하고 다채롭게 해준다. 다시 말해서『리트머스 고양이』는 '상처 입은 자아' 를 정점으로 '고양이' 와 '새' 를 섞어가며 세계라는 그림을 직조織造해낸다.

나는 이러한 이원식 시인의 세계는 '까치 작鵲', '고양이 묘猫', '그림 도圖' 세 글자로 된 '작묘도鵲猫圖' 라 규정하고 싶다.

아! 고양이와 새라. 요즘 들판 어디서나 볼 수 있는 것들 아닌가. 흔하디흔한 새와 고양이를 시의 주제로 삼은 것은 하나의 풍경화처럼 동적인 입체감을 만들어 내려는 아이디어 같기도 하다.

새는 들판과 허공에서, 분주히 드나들며, 자신들의 삶을 산다. 일부 애완용을 제외한 대부분의 새들의 본래 고향은 허공과 들판 사이였다.

그리고 고양이도, 새와 마찬가지로, 야생이 기본이다. 고양이는 수고양이를 낭묘郎猫, 암고양이를 여묘女猫, 얼룩고양이를 표화묘豹花猫, 들고양이를 야묘野猫라고 하는데, 현재 집에서 기르고 있는 모든 애완용 고양이는 아프리카 · 남유럽 · 인도에 걸쳐 분포하는 리비아고양이를 사육, 순화시킨 것이라고 한다. 그런데, 요즘 고양이들은 주인을 잘 만나면 호강하고, 주인을 잘 못 만나면 쫓겨나거나 버려져 다시 '야생'으로 돌아간다. 야생 애완 야생의 순환을 겪는다. 참고로 고양이의 특징 중의 하나는, 개와 달리, 인간을 대등한 관계로 간주하며 주인에게 충성을 바치지 않고, 이사를 갈 때 잘 따라가지 않고, 암고양이의 경우는 발정이 나면 거의 집을 나가 돌아오지 않고 수고양이도 가출이 잦단다.

새와 고양이에게서 야생은 그들의 '자연'이다. 야생은 그들 '스스로 그러함'이며, 크게 보면 '저절로 그러함'이다. 우리가 바라보는 '세상 밖'은 새나 고양이가 보면 '세상 안'이다. 새, 고양이를 우리가 '버린-버려진'이라고 표현한다면 그것은 맞지 않다. 아니, 본래로 '되돌아간-되돌려진' 것이라 표현해야 맞을 지도 모른다. 우리가 '문文(문명)'의 입장에서 '야野(자연)'를 폄하하면 새-고양이에게는 엄청난 결례이다. '야野'한 것이 바로 그들의 고향이자 삶의 터이니 그들에게서는 '문(문명)'인 셈이다. 우리가 그들더러 이래라 저래라 할 자격이나 권한은 없다.

이원식의 시조집에 등장하는 참새, 까치와 같은 '야생'의 새들은 끊임없이 인간 쪽으로 내려서고 다가서며 항상 인간의 눈앞에서 '묘妙'하게 서성댄다. 새는 하늘에서 땅으로, 땅에서 하늘로 오르락내리락 '상하' 운동을 하며, 인간이 거주하는 지상[地]과 천상[天] 사이에서 상호간의 정보를 전달하는 매개 역할을 한다.

그러면 또 하나, 이원식의 시조집에 등장하는 고양이는 어떤가? 그것은 상하운동을 하는 새와 달리 인간 곁에 살면서 때론 인간을 떠나거나 인간에게 버림을 당하면서 지상의 사방(전후좌우)으로 돌아다니는 수평운동을 한다.

동양적 구라의 달인 장자莊子의 사상을 담은 책 『장자莊子』의 서두에는 「북명유어北冥有魚」로 시작하는데 이 편이 「소요유逍遙遊」이다. 여기서 '소요+유'='논다'라는 말은 별다른 목적 없이 그냥 이리저리 어슬렁어슬렁 떠돌아다니는 것이다. 떠돌아다니는 자에게 딱히 고정된 관점이 있는 것은 아니다. 여기서 이건 이렇고, 저기서 저건 저렇고, 이렇기도 하고 저렇기도 하다는 것을 '보면서' 아는 자다. 아는 것도 종류와 수준이 있는 법이다.

창공을 훨훨 나는 수많은 조류 가운데 「소요유」편에는 참새雀와 대붕大鵬이 나온다. 아주 작은 새인 참새, 어마어마하게 큰 새인 대붕이 크고 작게 세상을 바라보지만 모두 각각의 세상이다. 문제는 그들이 모두 '본다'는 것을 상징한다는 것이다. '본다'는 것은, 벌레들이 몸으로 '느낀다'는 것과 달리, 멀리서 높이서 조감鳥瞰하는 일이다. 동네를 걸어 다니다가 보는 것과 산 위에 올라서 보는 것은 다르다. 그리고 비행기를 타고 날아가며 보는 것은 또 다르다.

보는 것이 발달한 것은 새다. 새가 하늘에서 내려다보듯 땅의 기복, 건축물, 물체 등을 표현한 지도나 그림을 조감도鳥瞰圖라 한다. 조감은 새 '조鳥' 자와 '굽어보다·내려다보다'는 뜻의 감瞰으로 되어 있다. 감瞰 자에 눈 '목' 자가 들어 있듯이 새는 '눈/시각'이 발달 있고, 멀리서遠 크게大 바라볼 수 있다. '눈'은 머리頭에 붙어 있다. 따라서 뇌腦-정신精神-이성理性, 나아가서는 로고스logos-리理-천天/천상天上, 남성, 양陽, 혼魂/넋, 상승-하강, 곧음(직선), 공간, 투시, 추론, 비디오와 연계된다.

이에 비해 벌레[蟲]는 살, 피부, 털 등으로 예민하게 느낀다[感·觸]. 따라서 '소리/청각'이 발달해 있고, 가까이서[近], 적고 여린 것[少]까지 감지해 낸다. 따라서 털·살갗[髮膚]-육체肉體-감성感性, 나아가서 에로스eros-기氣-지地/지상地上, 여성, 음陰, 백魄/얼, 수평, 굽음(곡선), 시간, 접촉, 직감, 오디오와 연계된다.

조감은 천상적인 것을, 충감은 지상적인 것을 잘 나타낸다. 천상이 지상으로 다가와 접촉하는 것은 바람 혹은 새를 통해서다. 바람이나 새나 모두 공중을 떠도는 것이지만 지상의 것들에 접촉하며 천상의 소식을 알린다. 새는 나무에 앉아 깃털을 떨구며, 바람은 나뭇잎과 풀잎을 흔들며 자신의 존재를 표현한다. 반면 지상의 것이 천상으로 다가가 알리는 것은 벌레, 짐승의 울음이나 물[水]이다. 벌레와 짐승의 울음은 음파音波로서 공중, 허공에 퍼진다. 물은 어떤가. 개천, 강, 바다로 흐르는 물은 햇빛을 만나 수증기로 증발되어 하늘로 가서 구름이 되어 자신의 존재를 알린다. 제사를 지낼 때 향을 피우고 술을 따르는 것에 의해 향은 연기가 위로 날아올라 공중을 떠도는 넋[魂]을 데려오고, 술은 물의 속성처럼 아래로 내려가 땅 속에 묻혀 진토塵土가 된 얼[魄]을 일깨워서 데려오는 상징이다. 그리고 장풍득수藏風得水의 줄인 말인 풍수風水는 바람을 감춘다는 '장풍藏風'에서 풍風을, 물을 얻는다는 '득수得水'에서 '수水'를 따 와서 만든 말이다. '바람을 감추고 물을 얻은 땅'을 찾는 기법은 하늘과 땅의 자연스런 온전한 만남을 은유한다.

이원식의 시조집에는 새를 '천상-상승·하강'의 로고스적 이미지로, 고양이를 '지상-수평'의 에로스적 이미지로 대비적으로 활용하여 의미소통을 시도하고 있다.

■ **'바람' – '홀로'에서 '함께 있음'의 환기**

시인은 듣고 본다. 새와 고양이의 소통하는 의미의 세계를. 이것은 인연생기[因緣生起: 직접적/일차적/내적 원인(=인)과 간접적/이차적/외적 원인(=연)에 의한 결과果報로서 만사·만물이 생겨나옴生起]의 세계이다, 상의상존相依相存하는 존재의 실상이기도 하다.

따라서 세상이 홀로이지 않고, 늘 누군가가 곁에서 걸어주고 있음을. 그런 발자국소리를 시인은 듣고 있다.

버려진 손거울이었다
한 하늘을 바라보는

구름보다 가벼운 새 한 마리 날아간다

허기진 꽃잎이 질 때

누군가의
발소리

(「동그라미 속으로」 전문)

이렇게 해서 시인은 모든 것이 '둘이 아님[不二]'을 말하고자 한다. '구름보다 가벼운 새 한 마리'는 '누군가의 발소리'이니 우리 곁에 수많은 것들은 모두 도반道伴 아닌가? 함께 걷고, 말하고, 서로 상처내고 상처 입히는 존재 아닌가? 비유컨대, 아스팔트 위로 씽씽 자동차가 스쳐지나갈 때마다 '모진' 바람이 생겨나고, 그 바람에 풀 한 포기의 온몸='생生'이

들썩인다(「새가 된다는 것」 참조). 무언가는 그 무언가와 함께 있으면서 상대를 건드리고 무언가에게 찝쩍대고 있다. 그 때문에 어느 것이든 홀로 - 한 가지만 - 따로 있는 것이 아니다.

이원식 시인은 홀로 사는 '고독감'에 익숙해 있는 것처럼 보이지만, 그는 항상 '홀로'를 바라보고/지켜보는 수많은 존재들을 살갑게 밝혀낸다. 그래서 만나는 것이 바로 생명체의 외경畏敬이다. 한 가지도 홀로 있음이 없다. '홀로 있음이란 생각을 삼가야 한다'는 '신독愼獨'이란 말을 떠올린다. 끊임없이 '이어가는', 그래서 '잠 못 든' '생生'을 모든 것들과 생각과 어깨를 나란히 하여 '홀로'가 아니라는 이원식 시인의 자각은 만물의 아주 미세한 데까지 우리들의 시선을 옮겨놓고 있다.

시인은 '개미'의 신묘함[妙]을 가만히 들여다본다. 먼지 하나, 풀 한포기 등등 모든 것은 신묘하지만, 시인의 눈에는 개미가 갑자기 우주로 다가온다. 개미가 몸으로 쓴 '불교의 진언眞言 가운데 가장 위대한 것으로 여겨지고 있는 신성한 음절'인 '옴ॐ'자를 직시해낸다. 미물에게서 우주적 생명의 '외경'을 느끼는 순간이다.

> 뿌려준 음식공양
> 모여드는 개미들
>
> 감사의 화답인가
> 몸으로 쓴
> 말씀 '옴ॐ'
>
> 손 모은

바람이 분다
바스러지는
내 허상

(「외경畏敬」 전문)

그런데, 이런 모는 미물 · 미진微塵들이 우주적 차원의 생명이라는 진실로 연결되어 있다. 이것을 볼 수 있는 자는 눈 뜬 자[覺者]이다. '외경'은 애당초 그런 눈에야 비칠 수 있었다. 이런 실상을 모르는 눈 감은 자가 바로 무명無明 아닌가. 눈 뜬 자에겐 모든 것이 찬란하면서도 슬프고, 위대하면서도 측은할 것이다. 홀로가 아니라는 사실은 기쁘고도 아프고, 즐거우면서도 우울하며, 웃고 있어도 눈물이 나는 현실이다. 이런 것을 내포한 채 모든 것은 연결되어 있고, 서로 상응하며 화답하며 지속한다. 서로 의지하고 의존된 것이 현실이니 여기에 몸을 맡기는 것이 깨달은 것이고, 여기에 위배하는 것이 무명이다. 그래서 시인은 '운수납자雲水衲子'를 자처한다.

달빛 따라 걷는 길
홀로인 줄 알았는데

적소謫所의 멈춘 시간
이어가는 운수납자雲水衲子
잠 못 든
생生의 그림자
물어가고 있었다

(「개미의 묘妙」 전문)

정처 없이 바람처럼 물처럼, 구름처럼 길에 몸을 맡기는 것, 이것이야말로 생명의 외경을 실천하는 일 아닌가. 인연법에 충실한 삶의 자세이다.

새가 끊임없이 꽃잎을 물고 둥지 속으로 들어오고, 둥지는 꽃을 품고, 다시 다른 새가 꽃잎을 물고 '둥지' 속으로 들어오듯, 이 세계는 인因과 연緣에 의해 무한히 연결되어 무언가를 만들어간다. '새/꽃-둥지-새/꽃-…' 식으로 '생'은 지속이고 반복이다. 둥지는 이 세계 내의 존재를 상징하며, 지속과 반복을 담아내는 그릇이다.

꽃잎 하나
입에 물고
둥지 속에
날아든다

꽃잎을
품은 둥지
바람소릴
듣고 있다

또 다른
꽃잎을 물고
생生을 터는
새 한 마리

(「새와 둥지 -우편집배원을 생각하며」 전문)

이 둥지 '안'에서 새는 상하 운동으로, 고양이는 전후좌우 활동으로 소통을 매개한다. 이렇게 만물들의 의존됨-연결됨-하나 됨의 인연법은 둥지 안에서 이루어지고 있다.

시인은 이곳저곳에서 홀로가 아님을 말한다. 예컨대 찬 바람에 들판과 거리를 '간절한' 울음소리 내며 떠도는 고양이들을 반겨주는 '고목나무'가 있고, 차가운 대지 위로 내민 '선물' 같은 '꽃'이 있다. 그야말로 이러한 불이를 깨달을 때 삶은 그야말로 '기적' 같은 것이 아닐까.

찬 바람 속 고양이들
고목枯木만이 반겨주었다

밤이면 옹기종기
간절한 울음소리

따뜻한 봄날의 선물
우듬지에
내민
꽃
(「기적奇蹟」 전문)

시인은 늘 우리가 타자와 함께 해 있음을 표현하고자 한다. '홀로 걷는 것'을 '아리오소'의 독창곡처럼 착각할까 싶어 시인은 '달그림자'가 '누군가'를 대신하여 지키고 서 있거나, 내가 모르는 어느 곳에서 '누군가의/발소리'(「동그라미 속으로」)를 상정한다.

홀로 걷는 산책길
결 고운 바람이 분다

멈춰 서서 눈 감으면
한 줄기 아리오소arioso

누군가 온 것만 같아
돌아보면
달그림자

(「달 -오래된 연서戀書」 전문)

이 시에서 '홀로'-'바람'-'누군가'라는 식의 논리전개는 눈여겨 볼 필요가 있다. 시인은 '홀로(나-자아)'를 '누군가(남-타자)'로 연결시키고 있는데, 그 사이에 '바람'이 위치한다. 바람은 정태靜態의 '나'를 흔들어 뒤집고, 휘날리고 흩날리게 하며, '이것이 저것 때문에', '저것이 이것 때문에' 라는 사실을 환기시켜주는 존재이다. 시인의 시에서는 천지사방에 꽉찬, 무시로 부는 '바람'이 나를 타자로 연결시키는 은인으로 등장한다.

이처럼 '바람'은 실체도 없지만 모든 것들을 연결해준다. 마치 사랑하는 이들 사이를 연결하는 '연서戀書'이거나, 연서를 전달하는 배달부이거나, 중매쟁이처럼, 의존됨-연결됨-하나 됨의 매개역할을 한다. 인간은 어리석음의 바람[無明風]이 불기에 그것 때문에 명明이 있다는 사실을 환기한다.

이렇듯, 시인의 시에서 등장하는 '바람'은 특별한 의미를 갖는다. 바람은 무시로 불며, 이곳을 저곳으로, 저곳을 이곳으로 연결시키는 힘이 있다. 바람은 지상의 고양이에게 그 자신이 '꽃' 임을 환기시킨다. 홀로 지내는 고양이에게 존재의 의미를 가져다 줄 뿐만 아니라, 그가 무언가와 함께 하는(=놀아주는) 것이다. 타줄 것이 뭐 있겠나. 바람뿐이다. 「인적 없는 곳에서는/바람도 꽃이었다//꽃이 되고픈 길고양이/바람의 잎을 떼고 있다」(「리트머스 고양이」)에서처럼, 바람이 우리의 좌표를 잡을 수 있게 하고, 함께 있음을 돌이켜보게 한다.

■ '천변川邊' 과 '길' - 삶과 죽음의 소통 공간

어쩌면 바람은 우리 삶의 상처를 '힘' 으로 바꾸는 원동력이 아닐까. 바람 때문에 고독을 극복해 갈 수 있는 것 아닌가.

그래서 시인은 삶을 비관, 절망하지 않는다. 시인의 자아는 바람을 관조하면서 '상처' 를 '은빛' 으로 승화시키는, 부드러움의 강함을 얻어낸다. 불완전한 존재이면서 인간은 길 위에서 '터벅터벅' 걸어갈 수 있는 것이다. 그러다 가끔은 '우두커니' 서서, '멍 하게' 주위를 두리번거리며 자신의 위치와 지나온 이력을 더듬어 볼 뿐이다. 그럴 때 인간은 자신이 완전하지 못하고 결함임을 발견하고 스스로를 수습해 갈 수 있다. 미완성이기에 완성을 지향한다. 자신이 '상처 입은' 것이고 '슬픈 자유' 임을 확인하고, 그것을 거부하지 않고 있는 그대로 받아들인다.

이원식 시인의 시에서 등장하는 '천변川邊' 은 '바람' 에 의해 의미가 생성되는 '작은 풀들' (=삶[生])의 이야기를 잘 드러낸다. 천변은 생명들이 부대끼는 풍요의 공간이자 일상의 고향이다. '상처 입은' '슬픈 자유' 가 머무는 곳이다.

천변川邊 작은 풀들이
바람의 말
전하고 있다

짧은 해 저문다고
생生의 옷깃 여미라고

모래알 한 알까지도
귀 기울여 듣고 있다
(「소중한 일상日常」 전문)

생명들은 천변에서 교합交合 · 교통交通한다. 교합 소통을 하지 않고선 상처 입은 것들이 구원되지 못한다. '생生의 옷깃'을 여미지 못한다. 서로가 서로에게 '모래알 한 알까지도/귀 기울여 듣는' 화해 없이는 삶은 불이[不二]가 아닌 이(二: 둘)가 된다.

시인이 천변에 집착하는 것은 땅과 물, 지상과 지하, 안과 밖이 서로 만나 소통하고 생명을 일궈가는 진면목을 보여주는 살아 있는 공간이기 때문이다. 그러나 천변에는 삶만이 있는 것이 아니다. 죽음도 있다.

천변에 이어 이원식 시인은 '길'에 주목한다. 길 또한 삶과 죽음이 공존하는 공간이다. 길이 있어야 사람들이 교통하고, 소통한다. 그런데 한편으로는 길을 가다가, 건너다가 많은 생명체들이 무참히 죽어간다. 시인은 길에서 만나는 일상의 비참함을 새롭게 해석하고자 한다. 시인에게 죽음은 비참함이면서 동시에 아름다움이기도 하다. 이미 언급했듯이, '길 고양이'의 죽음은 '헌화'(「리트머스 고양이」)였다. 헌화는 '붉은/푸른'

꽃이다. '신작로 포도鋪道 위'에서 벌어진 사고로 '이름 모를 꽃 한 송이'가 헌화로 바쳐진다. 헌화는 죽음이 보여준 피를 상징한 것이다. 피는 죽음을 의미하지만 동시에 살아있는 꽃을 말하기도 한다.

길고양이의 죽음은 삶의 필연이고 어디서나 마주치는 흔한 광경들이지만, 시인의 시야에 그것은 장엄한 사건이다. 온갖 잡화로 장엄하게 장식된 세계가 바로 이 세계[華嚴界] 아닌가?

유폐幽閉의 갈 숲 속으로
청옥빛 이슬이 진다

신작로 포도鋪道 위에
이름 모를 꽃 한 송이
어둠 속 가뭇없는 불빛
한 잎 생生의
날刃이 붉다

(「길고양이에게 바침-로드 킬」 전문)

'청옥빛 이슬 – 꽃 한 송이 – 가뭇없는 불빛 – 생生 – 붉다'처럼 '유일한, 단 하나밖에 없는, 순간적인, 불타는, 그러다가 꺼져버리는' 삶은 허무한 것이다. 아니, 차라리 삶은 늘 죽음을 희생으로 해서 지탱된다고 해야 옳을 지도 모른다.

그래서 시인은 고양이가 '로드 킬road kill'을 당하는 것을 보고 이렇게 해설을 덧붙인다.

로드 킬road kill은 동물들이 도로를 지나가다 자동차에 치어 처참하게 죽는 것을 말한다. 로드 킬을 당 함에 있어 고라니, 삵, 부엉이 등 야생동물 뿐만 아니라 고양이나 개 등 애완동물과 희귀동물도 예외가 될 수 없다. 동물의 생존이나 생태계를 배려하지 않은 인간에 의한 무분별한 도로 건설에 의해 로드 킬은 해마다 증가하고 있는 실정이다. 로드 킬에 대한 사회적 문제로서의 인식, 자연과 생명에 대한 애정 어린 시선이 로드 킬에 대한 공포와 죽음으로부터 피할 수 없는 동물들에 대한 인간으로서의 도의적 책임과 예의가 아닌가 싶다.

(「길고양이에게 바침－로드 킬」의 해설)

시인은 '고라니, 삵, 부엉이 등 야생동물 뿐만 아니라 고양이나 개 등 애완동물과 희귀동물'과 같은 '동물' 그리고 '생태계'와 같은 '있음-존재(sein)'를 '도의적 책임과 예의'처럼 '있어야 함-당위(sollen)'로 변환하여 이해하려 한다. 그래서 그는 '도로를 지나가다 자동차에 치어 처참하게 죽는 것'의 현실세계를 '애정 어린 시선'으로 바꾸어 '동물들에 대한 인간으로서의 도의적 책임과 예의를 거론하고 있다. 이런 '애정 어린 시선'은 불교의 '동체대비同體大悲'라 해도 좋고 유교의 '만물일체의 인仁'이라 해도 좋다.

■ '슬픈 자유' – '종점' '종장' '발문'으로서의 생生

이원식 시인은 '삶의 자유'를 '슬픔'에다 버무려 놓곤 한다. 한마디로 '슬픈 자유'란 말이 이를 잘 드러낸다. 삶은 이미 상처를 껴안고, 물집을 달고 있는 것이 아닌가?

인간은 자유를 꿈꾸지만, 자유롭지 않다. 의존적이며, 비독립적인 것이 현실이다. 인연이란 말은 바로 그것을 말한다. 자유롭고 싶지만 자유롭지 못한 '슬픈 자유'가 인연 아닌가.

슬픈 자유
한 소절

(중략)

짧은 생生이
씁쓸하다
(「커피를 마시며」 부분)

그렇지만 삶은 시인이 시에서 말했던 대로 '청옥 빛-은빛'이기도 하다. 이들 색깔은 슬픔의 색도 기쁨의 색도 아니다. '붉은/푸른' 것이다. 「돌아서면 배고픈 시절/눈시울 붉어지던 해[陽] (중략) 검붉은 등짝에 놓인/뜨건 국밥/한 그릇」(「개다리소반」)처럼, 배고파 울다가도 허기진 배를 채우면 그치는 울음처럼 원래 실체가 있는 색들이 아니다. 담담히 바라보면 어디에나 있는 우리 삶의 '있는 그대로의 색깔'이다. 비유하자면, 쿨룩거리는 '천식喘息'의 병세처럼 몸에 붙어 있을 수 있는 '병'의 색깔이다. 원래 생로병사는 '자연' 아니던가?

손에 쥔

흰 구름을
살며시
놓는 노파

마른 세월
들이켜고
사윈 한 숨
뱉고 있다

반의 반
접은 손수건
붉은 꽃이
피어 있다

(「천식喘息」 전문)

그래서 시인은 잘 안다. 「불두화꽃/지던 날/하염없이/울었다」(「거미와 달」)처럼 울고 싶을 때 울어야 한다는 것을. 꽃이 피었다 지듯이, 아픔-상처도 삶을 건강하게 하기 위해서 아니 살아있다는 징표로서 꼭 있어야 할 일들이지 없어야 할 것이 아님을.

하늘을 자유롭게 나는 비둘기이지만 지상에 내려와 주린 배를 채우려고 '마른 낙엽을 쪼는 비둘기' 처럼, 어디론가 끝없이 떠날 듯한 인간이지만 먹고 살기 위해 '폐지 줍는 할미' 처럼 세상 만물은 자유롭지 못하다. 그대로 '슬픈 자유' 를 바라볼 수밖에 없다.

시린 빰에 눈물 괴는
저물녘 귀갓길에

마른 낙엽 쪼고 있는
비둘기를 보았습니다

그리고 보았습니다
폐지 줍는 한 할미를

(「겨울새들」 전문)

그래서 시인은, 「할머니, 일어나세요!/버스 종점, 종점이에요」(「소중한 편린片鱗)처럼, 우리는 잠들다가 결국 '종점'에 이르지만, 중간 중간 누군가 흔들어 깨우지 않으면 내려서야 할 곳에 제대로 내려서지 못함을 말한다. 내려서도 잠에 취해 제대로 걷지 못한다. 그래도 비칠거리며 걸어가야 한다. 차에서 내려 걸어가는 모습은 하늘에서 '내 저질러진' 빗줄기처럼 보인다.

창문 밖 내리는 비
아버지의 목소리

흐릿한 백지 위에
당신을 담아봅니다

종장終章이

쓰일 빈 자리
흰 눈물만
쌓여갑니다

(「사부곡思父曲 –새벽비」 전문)

저질러진 삶은 어둠 속에서 '종장終章'을 쓰고 있는(=내리는) '새벽비'와 같은 것이다.

아니, 차라리 「쓰다만/발문跋文 한 줄을/별빛 속/에/띄워」(「당현천堂峴川을 걸으며」) 보는 것이라 표현해야 좋을 것이다.

'종점' '종장' '발문'으로 은유된 생生은 불완전한 자유이기에 '슬픈 자유'이며, 아름다운 헌화이면서 죽음을 내포하였기에 '붉은/푸른' 것이다. '종점' '종장' '발문'도 이런 논법이라면 실제로는 '붉은/푸른' 작묘도의 '시발지', '초장', '서문'일 것이다. 왜냐하면 어차피 전자는 후자에서 왔고, 후자 없는 전자는 없기 때문이다. 전자는 붉은 것, 후자는 푸른 것, 그래서 '붉은/푸른' 것 아닌가?

◉ 은빛 날개 – '꿈' · '환幻'의 희망과 절망

겉보기에 삶은 '은빛'처럼 보여 끊임없이 잡으려 다가선다. 그러나 막상 다가가 들여다보면 '꿈'이고 '환幻'이다. '마야maya'이다.

그러나 삶의 힘은 바로 이 '꿈' · '환幻'에서 생겨난다. 그것이라도 있으니 전방을 주시하며 걸어가는 것 아닌가. 그것마저 없다면 힘이 빠져서 걸어갈 수조차 없을 것이다.

찬 이슬 닿는 순간
들려오는 낮은 목소리

지상의 마지막 눈물
화장을 지우고 있다

말하지 못한 아픔들
벗어놓은
꽃잎

환幻
(「꽃의 임종臨終」 전문)

다시 시인은 묻는다. 「삭풍朔風 속/은빛 세상은/한 송이/꿈이었을까」(「벚꽃이 지는 이유」)라고. 이원식 시인이 찾는 것은 암흑의 종말이 아니다. 은빛 '의미'이다. 그런 의미 있는 길을 따라 가기에 시인은 '운수납자雲水衲子'를 두려워하지 않는다.

자, 이쯤 되면 이제 매듭을 지워야 한다.

시인에게 물어보자. 새와 고양이라는 두 은유를 '바람'을 매개로 해서 짜 낸 붉은/푸른 「작묘도」의 결론은 어떤 것일까.

시인은 이렇게 결론짓고자 했을 것이다.

입구도
출구도 아닌

은날개를 찾아서

(「청계천, 붕어가 간다」 부분)

입구도 출구도 없는, 그런 해답 없는 길에서, '오늘도 걷는다'. 길을 찾고자 한다. 시인의 운명은 어차피 '무문관無門關' 수행과 같다. 문도 없는 곳에 갇혀 '무언'이 아닌 '언어'로 글을 적으며 살도록 종신형에 처해진 참 곤혹스런 처지이다.

그럴수록 시인에게 희망의 열망은 더해간다. 글을 쓰면서(의지하면서: 依言) 동시에 글을 버려야(떠나야: 離言)하니 고통은 이중, 삼중 더해간다. 그러나 시인은 알고 있다. 희망도 절망에 뿌리 내리고 있고, 절망도 희망에 뿌리내리고 있다는 밑도 끝도 없는 순환 논법 속에 우리가 있음을. - '그래서', 더욱 거침없는 시인의 정진을 바랄 뿐이다.

[이원식 시집 『리트머스 고양이』의 해설, (작가, 2009)]

'사진'에서 '시'로

아래 시는 일본의 저널리스트 사와이 리에澤井理惠씨가 제공한 일본의 어느 작가가 찍은 70년대 한국의 우시장牛市場 풍경 사진에 대해 시를 지어달라는 요청으로 쓴 것이다. 보내준 사진은 중절모를 쓰고 바바리 코트를 입은 노인이 사람이 지켜보는 가운데 소를 끌고 가는 모습으로, 소를 끄는 끈이 돋보이는 사진이었다.

끈

그 수많은 눈동자를 내다 팔아
신발을 사던,
길게 손에 말아 쥔
끈은 삭았고,
손은 식었다

당기고 버티던 숨 막히던 날은
너무 어렸다
格式에 가두려 해도

稜線도 地平線도 없이
끔뻑이던 눈동자일 뿐
아무도 끌어당길 수 없던
끔뻑거림이었을 뿐
그냥 그랬을 뿐

이제 쳐다보지도 마라
웃던 그대 얼굴은 없다
없다고
등 돌리지도 마라
등 돌릴 너도 없다

모든 것은
거기에 끌려서, 버티다, 사라져갔을 뿐
그런 끔뻑이던 눈동자였을 뿐

手綱たづな

その 數知れない 瞳を 与えて 売り
靴も 買った
長々と 手に 巻きつけた
手綱は ぼろぼろになって
手は 冷めていった

引っ張り 踏んばった 息づまった日は
あまりにも 幼かった
格式に 閉じ込めようとしても
稜線も 地平線も なく
ぱちくりしていた 瞳があるだけ
誰も 引き寄せられなかった
ぱちくりぱちくりしていただけ
ただ それだけ

今や 見つめても いけない
笑っていた あの顔は ない
ないんだ
背を向けるな
背を向ける お前も いない
すべての ことは
そこに 引っ張られ, 踏んばって, 消えていっただけ
そんな ぱちくりしていた 瞳だっただけ

(日本語翻訳 沢井理恵)

2부 시가 있는 그림, 철학이 있는 시

빈 들판이 아름답다

더디고, 느리고, 게으른
저곳으로 한없이 많은 것들이 떠나갔네
떠난 순서대로 차근히 다시, 내 곁에 오기에
손 흔들일 없었네
텅 빈 저곳이, 텅 빈 이곳으로
한없이 보내줄 수도 없는데
무언가 금방 들이닥칠 것 같은 숨찬 들판
그래도 내겐, 텅 빈 저 첫 기억만큼
가파르게 아름다운 것도 없네
꽉 찬 것이 있다면
겨울에도 쉼 없이 흐르는 것일 뿐, 쉼 없이
떠나는 일일뿐, 내 맥박을 짚어보면
나의 어디선가에도 많은 것들이
떠나가고 또, 다시 오고 있네
가고 오는 그 틈에서
아름다운 것은 비어있어도 따뜻하네

나이가 들수록 차츰, 저 차갑고 빈 들판을 사랑하게 되었다. 시간이 만든 낡고 삐걱거리는 내 마음의 자전거를 타고 홀로 유유히 돌아다녀야 할 시절을 이제부터 겪어야 한다. 들판을 가득 메웠던 것들, 한때 사랑했고 또 한때 미워했던 자들의 신발이 곱게 썩어 들어간, 무성하고 화려한 것들이 퇴장한 그 썰렁하고 황량한 빈 들판을 무척 싫어한 적도 있지만, 돌이켜보면 내 곁에도 많은 사람들이 저 들판을 건너서 떠나갔다. 나의 할아버지가 그렇고 할머니가 그렇고 또 아버지가 그랬다. 내 어머니가 그럴 것이고, 나도, 나의 뒤로 자라나는 내 아들딸들이 그럴 것이다. 그것은 꽃 한 송이처럼 아름다운 관경으로 장식된다. 그래서 더욱 따뜻하다. 그 쉼 없이 오고가는, 알고 보면 오고 가는 것도 없는 빈 공간, 그 차갑고도 따스한 움직임 앞에 나는 그냥 침묵할 뿐이다. 그러나 나는 안다. 직관으로 진맥診脈해 보면 들리는 저 텅 빈 들판의 맥박소리를, 내 속에서 나를 실어 나르는 영혼의 바퀴 축 회전 소리를. 수많은 것들의 신체발부身體髮膚는 저곳에서 왔다 다시 저곳으로 간다. 그 길은, 차갑고 빈 들판에서 서면 참 잘 보인다. 바로 그 길을 따라, 다시 한없이 많은 것들이 숨가쁘게 내 곁으로 올 것이다. 기다리자. 봄은 멀지 않다, 이제.

[『오늘의 동양사상』 제6호 (2002 봄 · 여름)]

무심無心 찬란

- 나의 생가生家에서

내가 없는 시절을
꽃들이 저렇게 허물어진 내 生家의 담을 타고 넘나들며
밝혀주었다면,
나 없는 동안
전기는 죽고 우물은 망했다 해도
폐가 속에서
살아있는 것들 가닥가닥 이어져 푸른 바닥을 찾아 닿고,
무심無心찬란하게 자라왔구나

경상북도 상주군 모동면 상판2리 646번지의 기와집. 이제 나의 생가는 내가 보관하고 있는 흑백사진 속에만 살아있다. 빛바랜 대문 앞에 가족들이 함께 모여 찍은 유일한 그 흑백사진. 거기에는 고인이 된 할머니와 아버지의 젊은 날도 당당히 버티고 서 있다. 그 속에서 나는 아직 코흘리개로 유치幼稚 우울하게 끼여 있다.

내 생가는 폐가가 된 지 꽤 오래 되었다. 그래도 고향에 갈 때면 난 나의 생가를 찾는다. 현재의 주택은 생가에서 걸어서 10분 거리. 나의 아버지가 오랜 나날 초등학교 교사로 객지생활을 하시다가 정년퇴직을 하고

서 고향 땅에 정착하고자 새로 지은 집이다. 그런데 지금의 내가 이 주택보다는 옛날의 생가에 더 정이 가는 이유는 무엇일까?

홀로 터벅터벅 과수원 사잇길을 걸어올라 생가에 이르면, 구멍이 뚫린 창문과 깨진 기와 틈으로 쑥부쟁이가 자라고 토담을 타고 넘나드는 가느다란 꽃줄기들. 생가의 마루 밑에는 유년시절 내가 그렇게 아끼며 숨겨 두었던 장난감과 굴렁쇠 바퀴와 나사못, 그리고 동화책들이 묻혀있다. 그것들은 오랫동안 부드러운 흙이 되어 가면서 내 영혼의 골조를 껴안고 나와의 만남을 기다려 왔을 지도 모른다.

쓰러진 대문 옆에는 옛날 아버지가 손수 머리 부분을 잘라 버려 옆으로 몸이 벌어진 플라타너스가 아직 늙지 않고 자라고 있다. 전기는 죽어 불을 켤 수 없지만 나 없는 동안 그것은 다른 마을의 집 전등을 우리 집을 대신하여 밝혀 왔을 것이다. 우물은 허물어져 물을 마실 수 없지만, 나 없는 동안 그것은 생가와 그 주변의 풀과 나무의 뿌리에 닿아 푸른 나뭇잎과 붉은 꽃잎을 피워 왔을 것이다.

그래, 무심만이 찬란하게 자라왔구나.

그래도 나의 생가는 내 생애의 초고草稿이고, 유년의 낱말사전이며, 추억의 필름이며, 고향 기억 나이테의 출발지이다. 내 인생은 첫 만남은 모두 거기에서 시작되었다.

[『오늘의 동양사상』 제7호 (2003가을 · 겨울)]

나는 지금 무엇으로 행복해질 수 있는가
– 나옹선사의 시를 읽고

청산은 나를 보고 말없이 살라하고,

창공은 나를 보고 티없이 살라하네.

사랑도 벗어놓고 미움도 벗어놓고,

물 같이 바람 같이 살다가 가라하네.

이것은 고려말 공민왕 때의 명승 나옹선사懶翁禪師 혜근慧勤(1320~1376)이 쓴 한시漢詩를 한글로 번역한 것이다. 한국 사람이면 한두 번씩 듣거나 본 기억이 있는 이 시는 현대의 우리들에게 시사해주는 바가 많아서인지, 일반 가정이나 식당, 사찰 및 유원지 입구의 매점에 들리면 액자나 족자로 붙어있는 것을 흔히 볼 수가 있다.

그런데, 나는 이 시를 읽고 있으면 탐욕貪慾과 증오憎惡와 미망迷妄의 세 가지 번뇌煩惱의 마음三毒心에 가득 찬 나를 다짜고짜 채찍질하는 듯하여 솔직히 당황스럽고 불편해질 때가 많다. 그것은 초탈과 초연의 세계로 재빨리 진입하지 못하고, 청산과 창공을 힐끗힐끗 쳐다보며 고뇌의 현실에 집착하며 안주하는 자신의 처지를 어떻게 이해해야할 지를 모르기 때문이다. 아마도 그것은 순수를 지향하고 동심童心으로 회귀하거나 스스로를 참회하는 것이 어려워진 나 자신을 당장 부정 · 청산해버리기에는 아직도 많은 시간이 필요하고, 또한 애착이 가는 점이 적지 않기 때문일 것이다. 그래서 나는 차라리 '번뇌즉보리煩惱卽菩提'라는 말로 위안을 삼는다. 번뇌마저 없으면 보리라는 말도 없게 될 것이니, 번뇌는 보리와 일족一族이 되는 셈이다.

사실 현대의 실상은, 인간의 삶만이 고苦가 아니다. 동물도 식물도 무생물마저도 모두 고해苦海 속에 있다. 이제 산山좋고 물[水]좋고 인심人心 좋은 곳은, 사실 『장자莊子』에 나오는 '무하유지향無何有之鄕' 즉 '어디에도[何] 있지[有] 아니한[無] 곳[鄕]'이 되었다. 지구촌의 청산과 창공은 한없이 오염되어, 그야말로 고苦 속에 있다. 맑고 푸른 것은 차츰 상상과 기억, 추억 속으로 멀어져 가고 있다. '좋은(eu-)' 그러면서도 '없는(ou-)' '장소(toppos)'라는 뜻의 유토피아utopia라는 말은 이런 것일까?

지금 우리들이 살며 기대고 있는 것은 영혼 · 정신이 아니라, 대체로 기계와 기술, 과학과 지식, 화폐와 재산과 같은 물질적 조건들이다. 신용카드, 휴대폰, 자동차, 은행, 시장, 주택, 모텔과 유흥가, 식당과 같은 것이 없는 현실이란 상상이나 할 수 있을 것인가? 우리를 구원할 수 있는 것은 무엇인가? 우리는 무엇으로 행복해 질 수 있는가? 우리들의 사랑이란 무엇인가? 그리고 나는 누구인가?

집 근처의 물가나 시외의 강가에 나서면 나는 늘 그 상류에 닿고 싶어질 때가 있다. 중류나 하류보다는 상류에 그 무언가 청정한 풍경과 순간이 나를 맞아줄 것 같아서이다. 하지만 원두源頭, 원류源流는 있기나 한 것일까?

길을 걸을 때도 마찬가지이지만, 나는 항상 그 길이 시작된 맨 처음으로 가고 싶어진다. 길의 최초最初에는 복잡함보다는 단순함이, 수식과 치장보다는 소박과 순박이 깃발처럼 펄럭일 것 같다. 나의 영혼으로 하여금 저 청정한 상류를 희구하도록 하는 것은 무엇인가?

이런 물음들처럼, 분명 나옹선사의 시에는 나를 나신裸身으로, 원점原點으로 돌아가게 하는 어떤 큰 힘이 있는 것 같다.

[『오늘의 동양사상』 제8호 (2003봄 · 여름)]

봄날

걸었던 길들에게 미안하다
꽃피지 못하는 저 풀들의
뿌리에게 미안하다
언 돌과 굳은 흙 위로 무심히 내딛던 내 발길,
네 영혼을 너무 아프게 했구나
그래서 미안하다
가만히 홀로 있어도, 난
너의 곁에 너무나 가까이 닿아 있었구나

요즘 무심無心이란 말이 자꾸 떠오른다. 무심이란 무엇일까? 세상에 대해 내가 무심해야 되는 건가? 아니 무심해선 안 되는 건가?

머리말에 있는 『우리말 국어사전』(어문각)을 펴서 '무심'이란 항목을 찾아본다. 거기에는 "①생각하는 마음이 없음 ②물욕에 팔리는 마음이 없고, 또 옳고 그른 것이나 좋고 나쁜 것에 간섭이 떨어진 경계"라고 적혀있다. 전자는 일반적 의미이고, 후자는 불교적 의미이다. 하지만 사전의 내용만으로도 도무지 그 의미가 내 몸에 딱 와 닿지를 않는다. "생각하는 마음이 없다"는 것은 무엇인가? "물욕에 팔리는 마음이 없고, 또 옳고 그른 것이나 좋고 나쁜 것에 간섭이 떨어진 경계"란 무엇인가?

나는 앞의 『우리말 국어사전』에서 눈길이 향하는 대로 '무심' 밑에 있는 '무심결'이란 단어의 뜻풀이를 읽어보았다. "마음을 쓰지 않고, 스스로 깨닫지 못하는 가운데"로 되어 있다. 무언가에 대해 '아무 생각 없이' 하는 행위를 말한다. '아무 생각이 없다'는 말은 '무언가에 대해 자각적으로 사려하고 배려하는 마음이 없다'는 것이다. 위의 시 가운데 "언 돌과 굳은 흙 위로 무심히 내딛던 내 발길"의 '무심히'는 '무심결에'와 같은 뜻이다. 무심히, 무심결의 '무심'은 분명 불교적 의미의 무심 즉 일부러 무언가를 하려는 마음[意圖心]을 없앤, 무無의 경지에 도달해 있는 종교적 차원의 마음과는 좀 다른 경지를 말한다.

나는 주위 사람들에게 참 무심했다. 일에 파묻혀 나 자신에게 몰두하다보면 마음의 여유, 시간의 여유가 없어서 그럴 수밖에 없었다. 그래서 스스로 '그 동안 참 무심했어'라고 자책도 해본다. 어린 시절엔 무심결에 던진 돌이 개구리를 죽인 적도 있고, 무심결에 도랑에 버린 유리병이 깨져 친구의 발을 찢어놓은 적도 있다. 무심히 내가 딛고 다닌 발밑에선 무수히 많은 벌레들이 죽어가고, 꽃을 준비하던 풀들의 줄기가 부러져 1년을 망친 경우도 있을 것이다. 나의 무심이 저지른 업보業報. 또 내주위의 사람들에게는 어떠했을까? 나의 말 한 마디 한 마디, 행동 하나하나가 남들에게 얼마나 많은 부담을 주었으며 상처를 입혔을까? 아니 설령 내가 말하지 않고 행동하지 않고 "가만히 홀로 있어도, 난 / 너의 곁에 너무나 가까이 닿아 있"기 때문에 '나의 있음(존재)' 그 자체만으로도 남들의 "영혼을 너무 아프게 했"다는 생각에 이르게 되면, "그래서 미안"해진다.

생각해보면 내가 살아있다는 것은 참으로 많은 것들을 죽이고 또 아프게 한다는 사실과 연결되어 있다. 실제로 먹고살기 위한 나의 몸부림은

채소 한 잎, 쌀 한 톨, 고기 한 점, 짐승 한 마리 등등에 이르기까지 세상 속 무언가의 죽임 · 상처 입힘에 다름 아니다. 그럴수록 나의 무심한 언행言行들이 조심스러워진다. 이런 조심스러움이 깊어지면 숨쉬고 물 마시는 일, 공중에서 손바닥을 치는 일 등 몸을 움직이는 모든 일을 조심해야 한다. 가끔 홀로 가만히 집에 틀어박혀 있는 일도 세상의 생명체에겐 도움이 될 일이다. 그래서, 매사에 무심해선 안 될 일이다. 이렇게 나의 무심한 순간들을 성찰할 때면, 내가 세상을 향해 디뎠던 발자국, 세상 아무데나 박아대었던 못자국 하나하나가 더욱 또렷이 밝아온다. 내 삶의 저변에 끈적끈적하고도 덕지덕지 남아있는 업보를 지우고, 내가 아프게 한 세상의 안쓰러운 영혼靈魂들을 위로 · 치유하는 쪽으로 내 삶의 방식을 바꾸어 가는 공부론工夫論이 지금 나에게 심각한 화두話頭로 떠올라 있다.

그런데, 다른 한편으로 난 요즘 세상에 대해 점점 더 무심해지고 싶은 충동을 느낀다. 위의 국어사전의 "물욕에 팔리는 마음이 없고, 또 옳고 그른 것이나 좋고 나쁜 것에 간섭이 떨어진 경계"처럼 말이다. 다시 말해서 '내 방식대로 세상을 바라보고 싶지 않다'는 뜻이다. '내가 관여하지 않아도 나 하나 없어도 세상은 잘 돌아간다'는 자각에서이다. 내가 세상/남[他者]들에게 기껏 해줄 수 있는 일이란 그냥 그들이 그렇게 잘 돌아가는 대로 물끄러미 지켜봐 주는 일밖에 없지 않을까. 이렇게 그냥 있는 그대로를 '바라만 보고 있는' 데에 점점 빠져들며, 즐거움도 기쁨도 끊긴 덤덤한 마음, 즉 무無의 마음으로 세상과 함께 할 수 있는 길이란 무엇일까?

[『오늘의 동양사상』 제9호 (2003가을 · 겨울)]

봄날은 갔다

다시 꽃이 필거라 생각하지 말아라 세상의 식물들은 모두 썩어 있을지도 모른다 얼었다 녹았다 하는 이 겨울 동안 그들은 동상이 걸린 짓무른 사지를 끌며 영영 지상에 안 나올지도 모른다 푸르고 이쁜 것들이 그냥 허공에 떠돌다 가도, 그들 캄캄한 하늘 모퉁이에 서서 슬쩍 눈물을 닦는 걸 보아도 제발 모른 척 해라 알고 보면 다 아는 일들일지도 모른다 몰라도 고개 끄덕이며 아는 척 해라 우리 모두 오고가는 이곳이 여영 내 곳이 아니다 그래, 꽃잎 지면 묵묵히 청소나 해두어라 눈에 보인다고 다 알 필요도 없다

이번 겨울은 유독 춥고 쓸쓸하다. 거리의 민심도 흉흉하다. 영 봄이 올 것 같지가 않다. 부유한 주인 만나 편히 사는 개들에겐 미안한 소리지만, 정치도 개판이고 경제도 개판이다. 그래서 이 땅의 가난한 사람들은 더욱 가난해졌고 절망의 주머니도 커졌다. 먹고사는 일이 어려우면 삶이 곤혹스럽다. 민심이 동상을 입고 있다. 제발 이 찬바람 씽씽 부는 세상의 거리에 봄이 왔으면 좋겠다. 아니 지금보다 더 나빠지지 말길 바랄 뿐이다. 개판은 썩어 정직한 흙의 세계로 돌아가길 희망한다.

사실 요즘 같은 불황, 불경기에 봄날을 생각하는 것이 염치없고 사치

스럽기만 하다. 이미 마음속에서 봄날은 갔다. 봄이 온다 해도 그것은 허공에서 혼자 손장난을 하다가는 것이다. 꽃이 피었다가 지고, 비가 내렸다가 그치고, 바람이 불다가 멎었다가 하는 들판에 나는 가끔 원시인처럼 등장했다 사라질 것이다. 뭐 그런 일상이 나쁘지는 않지만 특별히 좋은 일도 아니다.

이 거울 나는 방안에 갇혀 매일 글만 써대고 있다. 나는 다른 일은 못하고 책 읽고 생각하고 글 쓰는 일만 하고 있다. 일종의 전문가 바보다. 방바닥에 쌓인 책은 청소 때마다 가족들에게 짐이 된지 오래다. 나는 늘 손님처럼 이 방에 있다가 외출하고 다시 돌아와서 잠들고 다시 밖으로 나가는 생활의 반복이다. 생각해보면 내가 오고가는 이곳도 '영영 내 곳이 아니다'. 내가 하는 일 외에 옆에서 누가 무엇인가를 물어도 나는 귀담아 듣지 않는다. 내 일 외에는 관심이 없다. 아니 세상의 일들이라고 나 혼자 다 알 필요는 없다. 무관심은 아니지만 내가 할 일 이외에는 별로 집착하지 않는다. 물론 내가 하는 일마저도 영원하지 않고 또한 특별하거나 궁극적인 어떤 것이라고도 믿지 않는다. 다른 일은 할 수 없으니 내가 잘할 수 있는 일, 나의 '꼴값'을 하고 있을 뿐이다. '그래, 꽃잎지면 묵묵히 청소나 해두어라 눈에 보인다고 다 알 필요도 없다'고 나는 믿는다. 나의 자기부정은 허무주의자의 자기 독백이 아니다. 삶의 그로테스크grotesque한 광경을 있는 그대로 응시하려는 몸부림이다.

나는 요즘 남에게 크게 기대하지도 않는다. 봄이 와도 다시 꽃이 필거라 생각하지도 않는다. 땅 밑에 갇힌 식물도 이파리 하나 낼 수 없을 것처럼 보인다. 그래도 괜찮다. 그럴 수 있다. 나의 생각의 근처에는 모든 것들이 썩어 있다. 아니, 사람도 사물도 세상에 나와 쓸 데 없이 난동을 부려 남을 괴롭히기보다는 차라리 홀로 철저히 썩어버리는 게 낫다. 잘 썩어 흙이 되어 지상의 모든 것들에게 희망이 되길 빈다. 흙은 세상을 속이지 않는다. 삶과도 어울리고 죽음과도 어울린다. 그 장르를 넘나드는 흙의 눈으로 보면 삶은 그로테스크한 광경이 아니고 무엇이겠는가?

[『오늘의 동양사상』 제10호 (2004봄 · 여름)]

늪

늪, 총합하는 생명의 힘

늪가를 지난다. 마음이 푸근하다. 내 생각의 곁에는 늘 늪이 있어왔다. 온갖 더러운 것들을 받아들여 맑고 아름다운 것으로 만들어내는, 공생共生의 힘으로 푸른. 거기엔 희망의 광기狂氣만 있다.

위의 시는 내가 최근에 쓰고 있는 글 중의 하나이다. 쉼표를 포함해서 딱 열 자로만 시를 쓰고 그 밑에다 100자 이내의 해설을 붙이는, 내가 구상한 글쓰기의 새로운 장르이다. 이렇게 열 자로만 쓰는 것은, 아직 그 이름이 정해지진 않았지만, 우리의 시조時調나 일본의 하이쿠俳句보다 훨씬 짧아 현대시에 익숙해진 우리들에겐 좀 생소할 수도 있다. 어쨌든 나는 최근에 이 열 자로 된 시만 쓸 뿐 다른 시는 거의 쓰지 않는다. 여기에 관심이 쏠려 흥미를 느끼다 보니 다른 곳으로 갈 여분의 마음이 없다.

읽어보면 알 수 있듯이, 위의 시는 늪에 대해 쓴 것이다. 이것은 최근 나의 관심을 잘 반영하고 있다. 난 몇 년간 '늪'에 대한 이런저런 많은 생각을 해왔다. 늪에 착안하여 새로운 글쓰기, 발상법, 철학의 방법론을 구상하고, 이를 더욱 세련화시키고자 노력해오고 있다. 나에게 홀연히 떠오른 좋은 착상着想이 단순한 공상空想으로 끝나지 않도록 하기 위해서, 나는 '늪'의 사고와 그에 기반한 글쓰기 즉 「늪의 글쓰기」에 대해 나의 소박하고도 솔직한 견해를 틈틈이 정리하여 몇 편의 글로 발표해왔다. 즉『불교평론』(서울: 불교시대사) 제16호(2003 · 가을호)의 「깨달음에 이르는 글쓰기를 위하여」, 같은 책 제17호(2003 · 겨울호)의 「늪, 늪의 글쓰기」, 그리고 영남대 인문과학연구소 『인문연구』제45호 · 46호(2004)의 「인문학, 편집술, 사적事的 글쓰기 혹은 연기적緣起的 글쓰기」가 그것이다. 그리고 『시인이 된 철학자』(서울: 청계출판사, 2000)과 『젊은 철학자의 늪의 글쓰기 : 크로스 오버 인문학』(서울: 장승, 2003)에도 최근 나의 '늪'에 대한 생각들이 잘 드러나 있다.

늪은 내가 생활하는 환경(공간)과도 관련이 깊다. 내가 근무하고 있는 대학 안팎으로는 웅덩이나 연못은 물론 늪들이 많다. 내가 늪과 가까이 지내는 동안 늪은 내 생각의 곁에서 어느 새인가 친구처럼 나의 사고를 성장시켜주고 있었던 것이다.

발상이 막히거나 잡생각으로 머리가 아플 때 난 늪을 찾는다. 늪가에 가 앉아 있으면 항상 마음이 푸근해진다. 그 어느 곳보다도 난 거기서 많은 착상을 얻고 또한 삶의 가능성을 찾아낸다. 이런, 특별히 내가 남들보다 잘 느끼고 깊이 생각하고 있는 늪에 대한 느낌과 생각을 버리지 말고 잘 발전시켜 이론화시켜 가는 것은 어쩌면 하늘이 내게 준 사명을 펼치는 일인지도 모른다.

온갖 더러운 것들을 받아들여 맑고 아름다운 것으로 만들어내는 늪. 그곳에는 혼돈 [디오니소스성Das Dionysische, 無, 虛]과 질서 [아폴로성Das Apollinische, 有, 實]가 공존하고, 죽음과 삶, 파괴와 생성이 공생한다. 그래서 늪은 하나이면서 둘이고, 또한 둘이면서 하나이다. 이것은 다른 말로 표현하면 '하나도 아니고[不一]' 또한 그렇다고 '둘도 아니다[不二]'. 하나도 아니고 둘도 아닌, 불일·불이가 공존해 있는 바로 그 자리(장소)가 늪이다. 이二는 이분二分의 세계이다. 이에 대해 일一은 이분二分을 벗어나고 넘어선 것[탈脫/초超/월越]이고, 이분 이전前(논리적인 앞섬)의 것을 말한다. 즉 '탈脫/초超/월이분越二分', '전이분前二分'의 세계이다. 이래서 늪은 하나도 아니고[不一] 둘도 아닌[不二] 그 양자의 '사이[間]' 혹은 '겹쳐 맞물림[際]('겹맞물림'이라 해둠)'에서 존재한다. 이 '사이'와 '겹맞물림'을 아우르는 말이 '즉卽'이다. 즉은 '융融'(혹은 '합合', '통通') 그리고 '상相' 등과 서로 잘 접합·연속되는 이른바 가족유사성(친화성)이 있는 말이다. 불일不一과 불이不二가 즉해 있는 그곳에서 사물은 제외, 제거, 배제, 탈락되지 않고 훌륭하게 수용, 포용, 인정, 총합된다.

이처럼 늪은 사물을 총합하는 생명의 힘이다. 어쩌면 살아있는 것들이 살려고 발버둥치는 '희망의 광기狂氣'라고 해도 좋다. 그 광기는 다름 아닌, '꽃은 붉고 버들잎은 푸른花紅柳青' 진실, 즉 우주의 동심童心, 자연自然, 진여眞如, 여여如如이다. 풀 한 포기가 대지 위에서 꽃을 피우는 것이고, 새 한 마리가 푸른 하늘을 나는 것이다.

지금 나의 생태적, 생명적, 시적인 상상력의 근원은 바로 늪이다. 수년간 내가 찾아 헤매던 곳 – 늪. 내 사색과 글쓰기의 시선에 딱 걸려든 최상의 착상. 이제 이 늪의 철학, 늪의 글쓰기를 완성하는 것이 나의 뜨거운 과제가 되고 있다.

[『오늘의 동양사상』 제11호 (2004가을·겨울)]

무슨 흔적이 남았을까

벌레 한 마리가 기어간다
보일 듯 말 듯한 흙 틈새로
그들만이 아는 길 따라
끊임없이,

그래서, 무슨 흔적이 남았을까
살펴봐도
발자국은 보이지 않는다
순간에도 다가서지 못하고
영원이란 건 더더욱 알 턱도 없는
그들이 다녔던 길엔,

벤치에 앉아 물끄러미 벌레 한 마리를 쳐다본다. 조금씩 움직이며 앞으로 천천히 나아간다. 왜, 무얼 하러 가는 것일까? 내가 지금까지 돌아다닌 그 몇 억 분의 일도 안 될 거리를 이동해가는 그들이 본 것은 무엇일까? 저들이 나를 보았다면 그 의미는 무엇일까? 지구 속에서 그들이 사는 광경을 난 다 볼 수도, 생각할 수도, 알 수도 없다. 그들은 영원이란 것도,

순간이란 것도 모른 채 살겠지만, 내 머리는 그들 생각으로 복잡하다.

보일 듯 말 듯한 땅, 거기에도 길이 있는 모양이다. 표지판도 신호등도 건널목도 그들에겐 필요 없을 것이다. 멈추는 곳이 끝이고 시작일 것이다. 규율은 그 자신에게 있을 것이다. 우리들이 느끼는 따사로운 빛도, 감미로운 음악도, 향기로운 꽃향기도 그들에게 얼마나 큰 상처나 위안이 되었을까. 저 천천히 걷는 길에 얼마나 큰 장애나 도움이 되었을까. 애착(집착)을 다 버리고 걷는 듯한, 움켜쥐고 있는 것을 다 놓아버리고 있는 듯한 저 걸음걸이가 디딘 땅은 얼마나 더 패였을까. 이런 저런 쓸데없는 생각을 하다보니 난 그 벌레 한 마리가 차츰 뭐가 뭔지 잘 알 수 없게 되었다.

일상은 '늘 이런 것'이기에 낯익어서 시시하고, 하찮아 보이고, 별 매력도 없다. 이미 신선도가 떨어져 차츰 돌보지 않게 된다. 시는 이런 하찮고 시시한 것들과 마주앉아 대화하는 것, 말을 거는 것, 술 한 잔 하는 것, 동거하는 것이다. 거기서 다차원적 중층적 진실, 관계적 의미를 발견해내는 것이다. 무디고, 딱딱하고, 차갑게 식어 구닥다리가 다 된 것들을 잠깨워서 새롭고도 낯설게 바라볼 줄 아는 것이다. 결국 시는 자신이나 사물에 대해서 다차원적인 진실을 캐내는 느낌, 생각, 시선의 마술이다.

요즘 사람들의 영혼은 너무 편하고 배부른 것 같다. 모자라고 답답한 것이 없다. 시를 쓴다는 것은 모든 것 다 털어버리고 '거지가 된 영혼'으로 돌아가는 일이다. 일등석에 탄 영혼을 삼등석이나 입석으로, 아니 도보로 걸어 다니게 끌어내리는 일이다.

흔히 시가 죽었다고들 한다. 시가 죽었다는 말은 시를 읽고 쓰는 치열한, 긴장감 있는, 살아있는 인간의 '죽음'을 의미한다. 벌레 한 마리를 바라보는 시선, 누군가가 놓치고 간 흔적, 들판에서 홀로 날리는 지푸라기, 아무도 쳐다보지 않는 쓰레기에서 시선을 떼지 않는 것, 그런 감성感性속에 삶과 세계는 새롭게 살아 움직인다. 작지만 큰 세계가 들어있는 감성은 삶의 자산이고 힘이다.

아무 것도 얻은 게 없다 하더라도, 감성으로 덥힌 아름다운 세상이 있던 마음, 시가 머물 수 있는 마음은 기쁘고, 선善한 것이라 생각한다.

[『오늘의 동양사상』 제12호 (2005 봄 · 여름)]

터벅터벅 걸어가는

쳐다보면 뼈들만 남아 서로 부딪혀 위로하는
들어보면 말도 안 되는 말들만 오고가는
한없이 어긋나 엇갈리며 즐거이 기웃거리다 사라지는
너무 밝고도 너무 막막한 길들
어정쩡하게 굽고 펴지며 한없이 끊어지고 이어지는

그냥 터벅터벅 걸어가기에 족하리
있는 것은 있고 없는 것은 없다 해도
아무도 거들떠보지 않는
한없이 거기로 와서 저기로 가고
저기로 와서 여기로 와도
아무도 말이 없는

그냥 잠시 가다 쉬어도 머물지 않는
너무 아득하고도 너무 환한 길들

나는 최근에 재미로 그림을 그린다. 그림이라 해도 별것 없다. 아무 필기도구나 사용하여 사람을 그리는 것이다. 원시인 같기도 하고, 동화에 나오는 개구쟁이 같기도 한 그런 사람을 그린다. 그런데 최근 그림 하나를 그려놓고 난 그 위에다 이렇게 썼다. "근데 넌, 뭐냐?" 이것을 보고 있으면 참 우습다. 내가 나에게 물었지만 나도 잘 모르겠다. 난 뭘까? 매일 걸어 다니고 차를 타고 다녀도 결국은 길 위에서 시간을 보내고 있는 나는 뭘까. 문득 길 위에 있는 내가 보이기 시작했다. 그리고 이런 낱말이 생각났다. "터벅터벅 걸어가는." 그래서 요즘 나는 '터벅터벅 걸어감의 미학'을 구상하고 있다.

사실 우리의 삶은 유목적인 것만도 농경적인 것만도 아니다. 그냥 '터벅터벅 걸어가는' 것일 뿐이다. 정주定住와 유랑流浪의 사이에 있다. 집과 길, 길과 집으로 오고갈 뿐이다. 질서와 혼돈, 정지와 운동이 뒤섞여 있는 듯하다. 그러나 실제로는 혼돈과 운동이 주도하고 질서와 정지는 거기에 수반되는 것이다. 길이 주도하고 집이 거기에 수반되는 것이다. 삶의 미학도 그렇다. 우리는 온전한 건달도 아니다. 반 건달도 아니다. 집에서 길로, 길에서 집으로 걸음을 반복하고 있다. 돌아다니다 지치면 쉬고, 쉬다가 또 물리면 돌아다닌다. 놀다가 물리면 일하고 일하다가 지치면 논다. 다시 말하면, 반유목적이면서 반농경적이다. 이런 것을 풍류風流라고 해도 좋을 것 같다. 풍류란 바람과 물 같은 땅의 버릇, 구름과 별 같은 하늘의 버릇을 사람이 익힌 것이다. 머물지 않는 자연의 그 버릇대로 인간이 살고자 하는 것이다. '있는 그대로[如如, 如實, 眞如]'의 흉내 냄이다. 그러나 끝없이 흉내만 낼 뿐 그처럼 될 수는 없다. '있는 그대로'와 '그와 비슷해지려는' 사이의 유랑, 그러다가 '있는 그대로'도 아니고 '그와 비슷해지려는' 것도 아닌 그 어정쩡한 우스꽝스런 모습으로 죽어간다. 그 어정쩡함, 세월(=시간)과 거주지(=공간)에 우두커니 빌붙어 사는 듯한, 이런 불이不二의 미학으로 우리는 살고 있다.

[『오늘의 동양사상』 제13호 (2005 가을 · 겨울)]

가을은 아름다운 공장이다

스쳐보면, 잠시 따스하다
찻물이 빠져나간 잔盞, 해진 뒤의 논두길처럼
커다란 그릇의 너른 들판,
여름이 지난 자리
온기뿐이다

만져보면,
지나간 것들은 그냥
저질러놓고 떠났을 뿐인데
남은 것들은 모두 태연히
열熱이 되었다
둥글게 여물어간다

작은 것에서 큰 것으로
큰 것에서 다시 작은 것으로
열을 전하는 저 감정의 조절,
하나의 율동 같다

모든 움직임을
열로 바꾸어 놓는 가을
조용한 뜨거움을 전하는,
아름다운 공장이다

내 것은 너에게로, 네 것은 나에게로
서로의 열을 담은 하나의
씨를 주고받는다.

그런, 건전지 하나씩 넣어두고
서로 떠나면
가을이 망한 뒤
저 찬 휴지 펄펄 날리는 거리를
그것 하나 안고 뜨겁게
가로질러 갈 수도 있을 것이다.

문득 가을임을 느꼈을 때, 이미 가을은 저만치 가고 있었다. 늘 그랬다. 별 신통찮은, 아무도 봐주지 않는, 이리도 허망한 글이나 쓰는 척 하다가 야윈 가을의 손 한 번 못 잡아보고 그냥 떠나가게 했다. 가을도 화가 단단히 난 것일까. 잎들은 떨어지고, 아침저녁으로 냉기마저 돈다. 싸늘해진 마음. 미안하다, 미안하다 말해도 대답이 없는 텅 빈, 저 추수가 끝난 들판. – 그래, 가거라. 어차피 떠날 것은 떠나야 하니. 다 떠나는 소리일 뿐. 왔다가 제 갈길 뿔뿔이 흩어져 가는 소리로 분주한 시간일 뿐. 들판은 그 한 복판에 서 있다. 별리도 아름다울 때가 있다고 여기며, 아파트 주변을 걷는다. 홀로 지는 노을을 이불처럼 덮는 논둑길. 순純도 잡雜도 아닌 흐릿한 개울에 발을 담근 흙길. 옷섶이 젖어 있다. 벌레도 가고, 바람도 가고, 태양도 가고, 나도 가는, 이 길들.

대구시 수성구 시지동. 때 시時, 이를 지至, '때가 이른 동네' 포도밭 가를 따라 돌면, 논둑길 밭둑길이 도반道伴처럼 어깨를 붙여 따뜻한 체온을 주고받는다. 처음 이 길을 걸었을 때, 미지未知였을 때, 길은 길이 아니었다. 흙무더기거나 낯설고 썰렁한 잡초 둔덕이었다. 그런데, 10년 가까이 살다보니 정이 들어서 그런지 내 온몸을 다 들여놓아도 넉넉한 너른 길이다. 그러니 내 눈보다 길의 눈이 더 밝다. 나를 다 보고 있다. 나는 내 눈에 들어오는 것도 다 못 본다. 다만, 문득 문득 눈에 띄는 마른 포도밭의 노쇠함. 형무소 담장이나 군부대 근처에 쳐둔 철책 같은 철사줄들. 틈틈이 숨겨진 이파리 밑의 따지 않고 버려둔 포도알들. 가끔은 영양실조로 피골이 상접한 등줄기에도 붙어, 반은 마르고 반은 쪼그라든 살갗. 그러나 손을 뻗어 만져보면 아직도 따스하다. 알 속의 당도糖度는 열熱이 되고, 열은 태양과 교신하며, 이것이 저것에 닿고 저것이 이것에 닿고 있다. 설명할 필요도 없이 그들은 잘 안다. 이것은 포도만이 아니니다. 감도 대추도, 콩도, 벼도 모두들 저들대로 저들의 일을 한다. 그 일이란 벌들이 꿀을 물어오듯이 모든 움직임을 동원하여 열로 바꾸어 놓고 있다.

그렇다. 가을 조용한 뜨거움을 전하는 아름다운 공장이다. 저 작은 것에서 큰 것인 태양에까지, 큰 것은 다시 저 작은 것으로 열을 주고받는 것이 마치 하나의 율동 같고 음악 같다.

가을이 망해 가는 해 저무는 가을 저녁의 들판에 앉아 다가올 겨울을 준비해야 한다, 잠시도 쉬지 않는 내 혈관의 온기가 저 태양과 태양의 그 너머에 있는 다른 무언가에 닿아있기를 바라지만, 난 너무도 그것들과 멀리 있어왔다. 책 읽는다고 두문불출해서는 세상에 제대로 다가서지 못한다. 난 그것을 잘 안다. 썰렁한 내 삶이 왜 이토록 진보하지 못하고 고달파지는가도 잘 안다, 그럴수록, 버릴 것을 버리지 못하고, 떠날 것을 떠나지 못하며, 스스로를 합리화하는 못된 버릇에 갇혀 살아가고 있다. 겨울이 지나고 다시 봄이 오고, 다시 이 가을이 와서, 이 자리에 서더라도 나는 똑 같은 답답한 소리만 되풀이하며 살아가고 있을지도 모른다.

언젠가 겨울의 차가워진 저 들판을 홀로 가로질러 갈 때, 지금 내 발에 밟히는 포도알의 따스함이 그 때도 내 피 속 깊이 닿아 출렁이며 내 마음의 율동과 함께 하고 있음을 느낄 수 있을까. 그렇다면, 대지 위에 뿌리 내리지 못한 내 삶이 그다지 슬프지도 아름답지도 않은 것이라고 스스로 위로해낼 수 있을 것 같다. 그러나, 그런 따스한 마음 하나 갖고 저 들판을 가로질러 가는 일도 결코 쉽지 않을 것이다.

[『오늘의 동양사상』 제15호 (2006 가을 · 겨울)]

찬란한 우울

나는 입 다물고, 고요히
눈을 감는다
이제 내가 끝없이 저 먼데로
어두워져 가야하리
남들이 더 환해져 세상 바깥에 꽉 차고
그대들의 말이 빛이 되도록
내 눈은 그냥 닫혀
사방의 어둠이 되어야 하리
먼 바다 쬐끄만 고기 한 마리
저 하늘로 헤엄쳐 올라 대붕이 될 적에
여기는 저기를 가로질러, 저기는 여기를 안고 누워도
아무 탈이 없던 빛나는 천지사방天地四方,
상하좌우上下左右에 한 번도 겹치지 않을 말들
딱 천자千字만 읊어 두리

하늘하늘 하늘 천天, 따스따스 따 지地
가물가물 가물 현玄, 누룻누룻 누루 황黃

찰랑찰랑 찰 영盈 기울기울 기울

지남침指南針처럼 한없이 떨며, 밝아오는 저 땅 끝으로 흐리게 묻혀 들어간 꽃 피는 내 기억의 가느다란 철로 위로, 늘상 기차는 달린다, 우울해도, 내가 갈 수 없는 그곳은 찬란하다, 아, 기차가 이제 나더러 달리라 한다, 나는 덜컥대며 암흑暗黑에다 고요히 입을 포개며 둥근 바퀴가 된다

요즘 나는 어릴 적에 할아버지와 읽었던 『천자문千字文』을 새로 읽고 있다. 가만히 생각해보면 내가 책을 읽는 것이 아니라 책이 나를 읽어주고 있는 것 같다. 나는 책이 읽어주는 홍취 속에서 단순해진다. 유년은 어린 물고기[穉魚] 같이 내 눈앞에서 노닌다. 나는 그 그림 같은 느낌만으로도 족하다. 이미 말이 필요없다. 지난 봄날 경주慶州 어느 세미나실에서 문득 내 손끝에 볼펜으로 아래 그림 하나가 그려지는 것을 보았다. 동심童心이 꼬리를 치며 돌아다니는 대로 따라 그려본 것이다. 대충대충 지나가는 생각에도 색깔과 운율이 있어 홍미롭다.

무언가를 맘 놓고 얘기하려면 천자千字로는 너무 벅차다. 세상도 내게 잔소리가 많겠지만 나도 세상에 대해 할 말이 많다. 차라리 그만두자. 그게 낫겠다. 그냥 말을 줄이고 줄이고 편안해지고 싶다. 그만 나는 어두워져 버리고, 내 밝음은 꺼버리고, 남의 밝음이나 밝게 켜두도록 하자. 그것으로 세상의 밝음을 삼자. 고장 난 내 지남침은 고치지 말고, 남들 것을 내 것으로 삼는 거다. 흘러가는 시간에 입을 대고, 흐르는 물에 손을 대지도 말자. 그것도 남들에게 맡기자. 억지로 무언가를 바란다는 것도

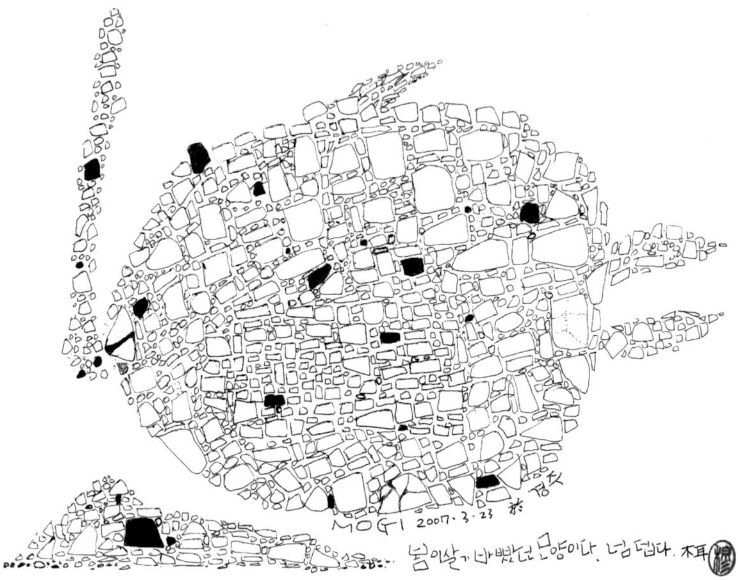

너무 거북하다.

요즘은 희망이라는 것마저 무슨 괴물처럼, 전위예술처럼 느껴진다. 아마도 내 몸 속의 희망의 계기판이 녹슬고 고장났나보다. 정인보鄭寅普(1893-1950납북)의 제자 민영규閔泳珪(1915-2005)는 『예루살렘 입성기』(1976) 가운데서 이렇게 말했다. 「북극을 가리키는 지남철은 무엇이 두려운지 항상 그 바늘 끝을 떨고 있다. 여윈 바늘 끝이 떨고 있는 한 그 지남철은 자기에게 지니워진 사명을 완수하려는 의사를 잊지 않고 있음이 분명하며 바늘이 가리키는 방향을 믿어서 좋다. 만일 그 바늘 끝이 불안스러워 보이는 선율을 멈추고 어느 한쪽에 고정될 때 우리는 그것을 버려야 한다. 이미 지남철이 아니기 때문이다.」 그런데, 우리는 매일 이런 바늘 하나씩 안고 살아가지 못한다. 우리들의 바늘 끝은 이른바 「불안스러워 보이는 선율」을 멈추고, 「어느 한쪽에 고정되고」 말았다. 끝장난 이 지남침을 들고 내가 이렇게 무력하게 살아갈 줄 누가 알았겠나. 그래도 희망이란 말 때문에 상처받지는 않을 정도로는 예방조치를 해두며 살고 있다.

우리들의 삶의 끝은 너무 무디어져 버렸거나 녹슬고 말았다. 그래서 뭐가 뭔지를 모르겠다. 우울할 뿐이다. 바깥을 있는 그대로 받아들이지 못할뿐더러 자신에 대해서도 얼굴을 돌리며 눈을 감았다. 소요逍遙할 줄 모른다. 노닐 줄을 모른다.

2005년 12월, 나는 다리를 크게 다쳐 한 달 이상을 집 한 구석에 누워 있었다. 고통이 밀려들면 차마 잠이 들지 못해 그것을 견디느라 틈틈이 그림을 그려댔다. 몸은 아파도 맘은 밝았었다. 슬쩍 슬쩍 내 앞을 다녀가는 고통의 낯짝을 있는 그대로 빤히 쳐다보면서, 그림 옆에다 다음과 같이 생각나는 글을 몇 자씩 적어 두기도 했다.

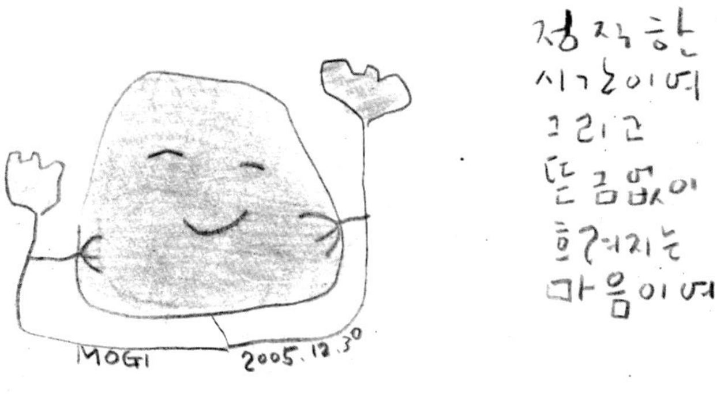

지금 눈앞엔 뜬금없이 불어 닥친 계절은 형형색색의 꽃으로 가득하다. 화장세계華藏世界의 장엄莊嚴함인가. 불타佛陀는 그 규모를 이런 식으

로 밝히는가. 그렇다면 들판에 차린 법석法席이 맞다. 사람들은 들로 산으로 꽃을 쳐다보며 희희낙락喜喜樂樂이다. 그러다가도 비 내리면 꽃잎지듯 시무룩해지는 마음들. 우울하다. 「정직한 시간이여 그리고 뜬금없이 흐려지는 마음이여!」인가. 그러나 이런 순간들이 참으로 찬란하다. 아니, 봄 앞에 내가 할 수 있는 일은 그냥 입 다물고 가물가물 사라져 가며, 꽃 피는 저 길 쪽이나 조용히 바라보는 일이겠다. 문득, 우연 속에 꽃이 피었다 지고, 우연 속으로 어둠이 왔다 사라지는 일, 그것이 바로 지남침指南針처럼 한없이 떨며, 밝아오는 저 땅 끝을 향하고 있는 것들이다. 나는 그냥 그것을 조용히 바라만 보고 있다. 그러나 갈수록 이런 침묵마저 쉽지 않음을 느낀다.

[『오늘의 동양사상』제16호 (2007 봄 · 여름)]

물통을 들고

삶이란
물통을 들고 나르는 일
스스로 먹을 한 줌의 물을 챙겨들고
생수가 놓인 계단 앞을
서성거리는 연습
오락가락 하는 비처럼
내가 한 방울 물로 돌아가는 것,
아니면 물이 내게로 오는 것일까?
비 뿌리는 날
나는 보았다
하늘이 나르는 물통을
한 방울씩 떨어지는 비를 껴안고
일터로 가는 대지大地를

플라스틱으로 된 빈 콜라 병이나 시판용 생수병을 손에 움켜쥐고, 건물 입구의 생수기에서 물을 받으러 줄을 서 있는 사람들을 본다. 이미 물을 채운 사람은 각자의 사무실로 가거나 또는 일터로 흩어져 갈 때, 나는 물을 받기 위해 계단을 오르내리는 옆 사무실 사람과 마주쳤다. 나는 씨익 웃으며, "산다는 건 물을 퍼나르는 일이군요. 그쵸!"라고 말했다. 그러자 그 사람은 "참, 생각해보니 그렇네요."라고 답했다. 적어도 내가 마주친 그 사람의 오늘 삶은, 물통을 들고 나르는 일, 스스로 먹을 한 줌 물을 챙겨들고 생수가 있는 계단 앞을 서성거리는 일이 아니었을까?

뒤돌아보면

멀어지는 것들은
한 번씩 뒤돌아본다
그래도 돌아선 것들과 더
가까워지지 못한다
아득해질수록 별리한 것들은
더 아름답다
길은 있는 것 같기도 하고
없는 것 같기도 해서
아무도 걷지 않았다 한다
뒤돌아보면,
얼마나 내 가까이에 있었던가
다시 멀어질 수 없는 것들

나이가 들면서 자꾸 가던 길을 멈추고 뒤를 돌아보게 된다. '내가 얼마나 더 갈 수 있을 것인가?' 보다도 '내가 얼마나 왔는가?'를 생각하게 된다. 뒤돌아보면 떠나온 것들, 뒤의 것들은 희미해서 보이지 않는다. 그것들을 바라보는 나만 자꾸 보이게 된다. 나는 내가 싫은데, 나를 생각하는 것은 정작 나밖에 없다. 안쓰럽다. 차창 밖으로 물끄러미 쳐다보면 못 본 듯이 흐느적흐느적 사라져가는 풍경이 이제 나의 이야기가 되고 있다. 나에게 내가 재미없어지는 날일지라도 내가 나를 바라보는 날이 더 많았으면.

소금호텔

잉카의 심장
볼리비아에 가면
소금으로 지은 집들
물집처럼 잡혀
있다네

외로움도 쓸쓸함도
짜다 못해
굳어버린 산 위
소금호텔에
난, 누워 있을 거네

소금침대에 잠들면
소금의 별
소금구름
소금의 산책
소금노래

그리울까

그러나 난
갈 수가 없네
그 높고 눈부신 상처
절망의 이마 빛나는
내 며칠간의
잠

불면의 언덕
모래 바람에 매달린
추억 한 송이

소금만 맺히네
흰 바람의
창 가

❶

얼마 전 TV를 보았다. 마침 남미 중앙에 위치한 내륙 국가 볼리비아를 소개하고 있었다. 내용 가운데, 암석이나 흙처럼 굳은 소금이 많이 나는 지역이란다. 그 소금을 사용하여 벽을 쌓아 집을 만들고, 호텔과 같은 고급건물 등도 짓는단다. 이런저런 내용에 접할 때 문득 귀가 열리고 눈이 고정되었다. "아, 참 신기하구나!" 하는 생각. 순간, 이 시가 머리에 떠올랐다.

❷

나의 요즘의 심경이 TV화면과 만나 새로운 그림[幻影]을 만들어 내고 있었던 것이다. 솔직히 한동안 나는 거의 폐인처럼 지냈다. 지난 여름 아니 거의 일 년 가까이를 사람과 조직과 규정 사이에서 지쳤기 때문이다. 이름 난 서울 모 시인 측과 우리 대학 측이 컨소시엄을 구성하여 인문 코리아HK 사업에 신청을 하기로 했기에 나는 그것을 위해서 동분서주해야 했다. 모 시인에 반감을 가진 교내의 기득권층의 견제와 방해로 나는 벼랑 끝에 몰렸다. 심지어는 임용된 지 얼마 되지도 않은, 학과 내의 동료 교수까지도 조직적인 방해를 하는 것을 목도하고는 인간적인 회의와 학문하는 사회의 은밀한 폭력성, 서글픔까지 느꼈다. 도움 하나 주지 못하며 사람만 골병 들게 한 무기력한 학교, 세상 물정 모르고 내용 없는 명분 내밀기와 지분요구로 급급하며 사람을 불러올리던 모 시인 측 사이에 끼여서 나는 형편없이 망가져갔다. 돈 앞에 사람이나 조직이나, 아메바처럼 본능에 의존한 존재로 전락해 감을 실감했다. 결과적으로 나는 엄청난 시간, 정열, 그리고 학교 측에서 정산도 해주지 않는 적지 않은 돈, 모두를 잃은 셈이다. 국가 권력이 제공하는 돈줄을 잡으려는 한 인간이 이렇게 형편없이 찌그러져 무릎을 꿇고 있구나, 그리고 그런 내 모습을 보면서 박수치고 희희낙락대는 같은 길을 가는 학자들, 여기에 동조한 세상이 눈에 선하다. 나는 학교나 모 시인 측이나 모두들에게 일종의 사기를 당했음을 느낀다. 나도 어리석었다. 애당초 그런 본질을 눈치 채고 재빨리 빠져 나왔어야 하는데. 뒤늦게 후회를 하고 만다. 결국 과제는 떨어졌지만, 참 잘됐다는 생각이다. 이제, 학문 후속세대를 위한 어쩔 수 없는 사업이 아니라면, 국가권력이 제공하는 돈은 받지 않는 편이 좋겠다. 지식권력과 협력 · 동업하는 이른바 서울권 명문대의 학연으로 돈의 흐름이 결정되는, 학술진흥재단이라는 국가기관의 폐습은 아직 큰 틀에서 제대로 개선되지 않고 있다. 우수학자 지원이 그렇고 대형사업이 그렇고, 권력과 내통하는 학연學緣의 힘, 권력의 힘은 서울공화국의 편에서 서울의 학자들 편에 서서 그들의 지식과 그들의 미래를 도와주고 있다. 나는 그런 것을 그대로 인정하기로 했다. 어차피 권력은 강자들을 위한 것이다. 그들끼리 잘 먹고 잘 살면 되지만, 가끔 불쌍해하는 척, 아량을 베푸는 척 하면서 지방의 촌놈들에게 먹이 부스러기를 던져주곤 한다. 감사할 따름이고, 가끔 눈물겹기까지 하다. 아, '소금으로 지은 집들/물집처럼 잡혀/있' 듯이 말이다. 그렇다. 나는 물집처럼 잡혀 요즘 '산책' 으로나마 진정으로 나 자신을 위한 길이 무엇인지를 생가하며 그것을 찾고 가고 있다. 요즘 나의 산책은 정신적인 '귀향歸鄕' 이자 허공에 길 위에 써 대는 '사상思想 노트' 인 셈이다.

❸

이런 저런 불편한 마음을 누르며 얼마 전 학내의 회의에 참석했다가 메모처럼 내 모습을 마구 그려낸 적이 있다. 그리고 그림 밑에, '문득, 나는 이렇게 있었다.' 라고 적고 말았다.

가로15㎝ 세로21㎝, 사인펜 / 자화상

이것은 4년 전에 내가 중구 상해上海에서 가까운 동쪽 바닷가 도시 영파寧波에 가서 혼자 숙소의 거울을 보면서 문득 그려 낸 다음의 자화상보다는 훨씬 잘 생겼다는 생각도 든다.

가로15㎝ 세로21㎝, 볼펜+연필 / 자화상

❹

어차피 몸이 상처이다. 아물지 않고 늘 아픈 상처이다. 몸은, 나의 정신에 붙들려 그만 물집만 잡혀 간다. 세상과 마주 앉아 눈은 짓물러 아물지 않고, 입은 끝내 낫지 않고 나불댄다. 손가락, 발가락은 무언가 끝없이 더듬어 나가고자 한다. '나'는 이미 있는 그대로가 상처라면, 상처가 나을 방법은 죽음밖에는 없다. 그러나 일부러 함부로 죽을 수도 없고, 스스로의 사유로 해서 치유해 갈 수 밖에 없다. 나를 치유하는 큰 힘 중의 하나가 바로 시詩이다.

사실 시는 나에게 스스로를 치유해주는 보살菩薩이고 부처이다. '불면의 언덕/모래 바람에 매달린/추억 한 송이'와 같은 과거는 잊어야 한다. '소금만 맺히네/흰 바람의/창 가'라고 말하듯이 온통 짜디짠 소금의 세상의 중앙에 난 서 있지만, '그 높고 눈부신 상처/절망의 이마 빛나는' 곳에 그래도 난 행복하게 살고자 한다. 이런 말이라도 할 수 있다는 지금이 감사하다.

[『오늘의 동양사상』 제17호 (2007 가을 · 겨울)]

이 풍진風塵 너머

한 없이 쌓였다
쓸려가고,
쓸려갔다 다시 쌓여오는
끝없는
저, 먼지와 바람의
허허벌판

근데, 아!
잠그면 열리고
열리면 다시 잠기는 듯
거기,
바람만 불고, 먼지만 쌓인다

티끌 말고는 뭐가 더 있겠나
바람 말고는 누가 살겠나
안도 밖도 없이 드나드는
이 풍진風塵

홀로 열리고, 홀로 잠기는 듯

먼지도 바람도
가리키는
문門 없는 수행처
저, 허허벌판
무문관無門關이네
거기 아무도 없네, 부재不在였네

요즘은 세상이 온통 바람과 먼지이다. 그치지 않는 바람과 닦아도 닦아도 끝없는 먼지. 그들만 세상에 가득하다. 귀를 후비고 들어봐도 바람소리이고, 눈을 닦고 바라봐도 먼지이다.

어디서 그렇게 많은 바람이 오는지, 자고 나도 바람, 저물 무렵에도 바람이다. 다 그쳤는가 하면 또 불고, 부는가 하면 잠시 그치고. 끝이 없다. 어디, 그뿐인가. 어디서 또 그렇게 많은 먼지가 날아오는지. 아침에 일어나서 차에 가보면 철면鐵面 위엔 온통 먼지투성이다. 면피面皮를 철저히 깨끗이 하려는 욕심은 없지만, 닦지 않고는 못 배길 정도로 먼지가 쌓여만 간다. 매일 닦아내도 끝이 없다. 끝없는 것이 본래인데, 끝을 내고, 끝을 보려는 것이 우리 인간이지. 끝없는 것을 좇아서 쓸고 닦고 하면서 조금씩 삶을 배운다. 이 세상의 마지막 날에도 바람과 먼지만 남을 것이다. 아니 세상이 원래 바람과 먼지였는지도 모른다. 그래서 '이 풍진風塵 세상'이라고 했던가. 요즘 들어 풍진風塵이란 말이 알 듯도 하다.

집 가까운 곳을 산책 하노라면, 허허벌판에 온통 바람과 먼지뿐이다. 허허벌판을 지키는, 아니 그곳을 독차지한 바람과 먼지. 그들이 그곳의 수행자이다. 바람스님, 먼지스님. 그런데, 알고 보면 그들도 없다. 항상 외출중이다. 주인이 없다. 그래서 부재不在다. 걸어 잠근 문. 열어놔도 아무도 모르는 문. 잠그지 않아도 되는 문. 애당초 잠글 수도 열 수도 없는 문. 다 좋다. 바람과 먼지의 수행처인 허허벌판. 공터, 문 없는 도량에, 먼지만 쌓이고 바람만 부는 것을 보면, 뭔가 드나들고 있는 듯. 그래서 잠긴 듯 열린 듯하다. 문이 없으니 열린 것도 닫힌 것도 아니지만, 저, 허허벌판이 '문득' 무문관無門關이란 생각이 든다. 뭐든지 '문득' 다가와서 문득 떠나지만, 그런 게 더 의미심장하다.

허허벌판을 무문관이라 하니, 썰렁한, 텅텅 빈 내 삶도 조금은 위로 받는다. 살아있다는 자체가 허허벌판이고, 풍진이니, 바람만 불고 먼지만 쌓이는 일이다. 그러니, 고독을, 오욕을, 상처를 두려워 할 필요가 없다. 허허벌판인 삶의 한복판에 나는 갇혀 있다. 헤어날 수 없도록 묶였다. 바람과 함께 먼지와 함께 같은 길을 걸어야 한다. 동풍同風, 동진同塵이어야 한다. 지금, 바로 여기서 바람이 되고 먼지가 될 일이다. '지금 바로 여기'가 내 삶의 무문관 아닌가. 풍진 아닌가. 풍진風塵과 친할 일이다. 그들과 자주 만나서 술도 한잔씩하고, 식사도 하고, 얘기도 나누고 산책도 해야 한다. '끝없는' 것들과 만나서 배우면서, 모든 걸 당장 '끝(끝장)' 내려는 나의 못된 집요한 희망을 버려야 한다. '저, 허허벌판'이 본래 '부재不在'였던 것처럼.

[『오늘의 동양사상』 제18호 (2008 봄 · 여름)]

109

A4(백지), 볼펜 / 돌+산

A4(백지), 볼펜+색연필 / 자화상

가을

물 마른 개울 바닥에 몰려 퍼덕대는 붕어처럼
바람 만난 나무, 쩔쩔 맨다

허허, 다 흐른다, 흘러
줄줄 샌다
바닥을 친다, 쯧쯧

날 저문 시장 구석, 봇짐장수 할망구
챙길 것 다 못 챙기고 찔뚝대며 일어서듯
제 밑에 떨어진
저것,
다 누구 짓이냐, 다 무엇이더냐
이파리들, 색깔 곱게 스러져가듯
못 다한 내 말들
바닥에서라도 남아
구구절절 저토록
아름다웠더라면 좋겠다

남아야 할 것들만
거머쥔

가을은,
알이다
모두 씨알이다
제각각 다르게
다 커서
탱글탱글하다

태양의 정성은 씨-씨알[實]을 만든다. 태양은 과일 한 알 한 알 속에 다 들어갔다. 곡식 알갱이 하나하나 속에 다 들어갔다. 먼지 하나하나에 다 들어갔다. 쌀쌀해진다. 그 많던 열들 식고, 길들 나무들 냉정해졌다. 이파리는 여분이다. 바닥에 먼저 버린다.

따지고 보면 가을은 균평均平-평균平均을 원하지 않는다. 가을이 남긴 유서遺書, 흔적. 이 많은 과일은 있는 그대로 '융평隆平'을 뜻한다.

평균이란 여러 사물의 질이나 양 따위를 통일적으로 고르게 한 것이지만, 융평은 단순한 형평이 아닌 '전체적인 균형을 이루면서 높은 수준으로 이끌어 올리는 것'이다.

우리 사회는 균평-평균을 지향해왔다. 균평-평균은 무언가를 전체적으로 낮추는 경우에 주로 사용한다. 그래서 남이 자신의 위치보다 더 높거나 성장·발전하면 그러지 못하게 발목을 잡아당기고, 바짓가랑이를 쥐고 끌어내린다. 이처럼 균평-평균의 정신은 전체를 하향下向시키는데 기여한다. 물론 '평균이라도 해라!'는 말처럼 평균도 못하는 경우에는 위로 올리긴 하지만, 대부분은 단순히 형평을 맞추는데 주력한다. 따라서 전체가 낮은 수준의 성과를 보일 때에는 전체적으로 평균이 낮아진다. 모두 한층 낮은 단계로 균형을 이루도록 서로 끌어내리는 분위기가 만연한 우리 사회에 '융평' 이란 말은 곱씹어 볼만한 가치가 있다.

'융평' 이란 말은 우리에게 잘 알려진 조선시대 유학자 조광조(趙光祖, 1482~1519)가 내건 개혁사상의 핵심이다. 그는 유생儒生들을 중심으로 한 사림파의 절대적 지지를 바탕으로 도학道學 정치의 실현을 위해 목숨을 걸고 적극적으로 활동했다. 이렇게 해서 그는 요순시대와 같은 태평성대의 세상을 만들고 싶어 했다. 그러나 실패하여 그는 불혹이 되기 전 사약을 받고 죽었다. 조광조는 근본주의자거나 원리주의자에 가깝다고 할 수도 있겠다.

가을을 보고 있노라면 마치 조광조의 '융평' 에 기초한 도학道學 정치를 보는 듯하다. 떨어뜨릴 이파리는 다 떨쳐버리면서도, 될 만한 것들은 가려 제각기 클 수 있는 데까지 수준급 이상으로 키워내는 가을. 될 대로 다 되도록 끝까지 몰고 가서 보여주는 씨와 알들. 바로 융평의 실천이 있는 전시회의 한복판. 그곳에 우리들이 서 있다. 생각해보면 멋진 일 아닌가! 그런 가을이 다 떠나가고 있다.

『오늘의 동양사상』제19호 (2008 가울 · 겨울))

A4(백지), 싸인펜+색연필 / 가을

지구地球에게

혼자
있으면
쓸쓸할까 싶어
죽어서도 너의 품에 안기기로 했다
돌아서면 너무 슬퍼 보일까 싶어 먼 길 떠나더라도
네 눈 속에서 그냥 맴돌기로 했다
한 때 내가 거기 살았다고
내가 너에게 묻혔다고
몰래, 내 맘 속에
점 하나
찍
어
둔
다
●
이
렇

게

허공 속에 맺힌 너의 흔적,

푸른

물

한

방

울

백서帛書 『노자老子』가 출토된 지 20년 뒤, 1993년 8월 중국 호북성湖北省 곽점촌郭店村의 초楚나라 무덤에서 죽간竹簡으로 된 『노자』등의 자료와 더불어 『태일생수太一生水』편이 출토되었다. 이 『태일생수』편은 『노자』와 함께 도가 계열의 자료로 보이는데, 고대 그리스의 철학자로 밀레투스(이오니아)학파의 시조이며, "만물의 근원(arche)은 물"이라고 한 탈레스(Thales. B.C. 624경 B.C. 546)의 사상에 비견되는 흥미로운 것이다. 『태일생수』편은 「중국판 탈레스의 사상」이라 해도 좋다. 이것을 만든 사람은 아마도 『노자』의 도道에 입각한 우주생성론이 너무 막연하다는 점에 불만을 품고 도를 대신할 새로운 근원인 '태일太一'을 고안하고, 거기에 새로운 아이디어인 물[水]을 보태어 보다 구체적이고 설득력 있는 이론을 창출하고자 했던 것이라 추정된다.

나는 『태일생수』편을 읽다가 문득 '지구地球' 생각이 났다. 커다란 우주의 원리[太一]가 '물 한 방울'을 낳았다니[生水]! 그건 바로 우리가 살고 있는 이 지구가 아니던가! 허공 속에 떠 있는 지구. 우주가 찍은 점 하나. 생각할수록 쓸쓸하고, 고독하고, 기막히는 일이다. 이 점 하나. 우리 삶에도 이런 것이 있다. 의미意味이다. 의미는 바로 '뜻'이며, 우리 삶의 목적, 의의, 지향, 의지이다. 이제 이 점 하나에 주목해야 한다. '값[=價値]'이 아니다. 값보다 뜻을 찾을 때 지구도 보이고 우주의 원리도 보인다. 그것을 찾을 수 있는 것이 인간이다.

값을 따지게 되면, 결국 값이 없는 것 즉 하찮은, 보잘 것 없는 것은 버려지기 마련이다. 그러나 하찮은 보잘 것 없는 것도 거기서 어떤 뜻을 찾아내면 쉽게 버릴 수가 없다. 화성에서 생명체를 하나를 찾아내고 싶어 하듯, 둥근 원에다 작은 점이라도 찍어 인간의 얼굴을 찾아내고 싶어 하듯, 배가 고파서 의식이 흐려질 때 음식을 먹어 마음에 '점'을 찍으려[點心] 하듯이 우리는 무언가의 뜻(의미)을 찾는 존재이다. 생각과 마음의 한 '점'이 궁극窮極, 절대絶對와 통한다. 그래서 찰나의 뜻은 바로 궁극적(ultimate)이고 절대적(absolute)인 것이다.

스님들은 식사를 할 때 반드시 관상觀想하는 게송偈頌이 있다. 오관게五觀偈가 그것이다. 오관게의 '관觀'은 '관상'한다는 말이다. 관상이란 사물事物을 마음에 떠오르게 하여 관찰하는 일이다. 관상은 내면적으로 조용히 그 무엇의 의미에 만들어 두고(가시화해두고) 그것에 대해서 생각해 보는 것이다. 그래서 명상이나 묵상 등의 개념과도 통한다. 그리고 관상은 '언제나 그 일을 마음속에 생각하여 잊지 않는' 일이므로 생각할 념念 자와도 통한다. 관 자 한 글자만으로도 상이나 상념의 뜻이 들어있지만 관에다 그것을 구체화하기 위해 상념을 붙여서 오관상념게五觀想念偈라고도 한다. 즉 스님들은 다음의 다섯 시 구절 내용을 관상하며 식사를 한다.

이 음식이 어디서 왔는가
내 덕행으로는 받기가 부끄럽네

마음의 온갖 욕심 버리고
육신을 지탱하는 약으로 알아
깨달음을 이루고자 이 공양을 받습니다.

이렇게 쌀 한 톨에도 머리를 숙이며, 그것이 자신에게까지 오게 된 정성을 생각하고 자신이 그것을 받을 자격이 있는지를 생각하는 마음은 만물 존재의 진정한 '의미'에 눈뜨는 것, 만물에 머리를 숙일 수 있다는 것이다. 이것은 만물 존재의 진정한 '의미'에 눈뜨는 것이다. 물 한 방울에 머리를 숙이고, 그것이 자신에게까지 오게 된 정성을 생각하고 자신이 그것을 받을 자격이 있는지를 생각하는 마음은 무엇인가? 푸른 물 한 방울을 만지고, 보고, 마시며 지구를 떠올릴 수 있는 일념(一念)은 우주적 의미의 떨림(vibration)·파동을 가진 하나의 색깔이며, 언어이며, 빛이다. 그 색깔과 언어와 빛은 풀잎에 닿고, 나무에 닿고, 바람에 닿고, 망망대해에도 닿고, 우주와 대은하계에도 닿아 소통한다.

푸른 물 한 방울을 지구로 여기는 일념이라면, 찰나일지라도 그것은 이미 삼천세간三千世間을 다 담아내는 마음이 아닐까.

나는 지금 물 한 방울 속에 살고 있다. 물 한 방울 속에서 생각하고, 놀고, 걷다가 그 속에서 한 방울 물로 죽어갈 것이다. 물은 내 존재의 집이다. 한 때 내가 거기 살았고, 거기에 묻혔다고, 몰래 맘속으로 물방울에다 점 하나 찍어두지만, 그 점이 언제까지나 그렇게 버텨낼지 두렵다.

중국 고대에 태일생수太一生水를 외쳤던 사람. 그 사람 생각을 하며, 봄을 재촉하는 창 밖의 빗물을 바라다본다. 방울방울이 모두 온전한 하나의 지구이고, 우주 같다.

[『오늘의 동양사상』 제14호 (2006 봄·여름)]

그림을 3부 쓰다

-최재목의 그림과 한 줄 해설-

가로22㎝ 세로27㎝, 캔버스, 먹 / 붓다, 깨달음

어둠이 사라지면 그대로 곧 '밝음' 아닌가.
깨달음은 여성의 것도 남성의 것도 아니다.

가로22㎝ 세로27㎝, 캔버스, 치약+녹차+먹 / 스마일 붓다

늦은 밤 재료가 없어 방안에 있는 것을 총 동원해서 그렸는데,

생각 끝에 빛나는 붓다의 미소.

가로22㎝ 세로27㎝, 캔버스, 보이정화차 / 중년+여인

(버리려다 챙겨 둔)보이정화차로 잘못 그린 그림을 물에 씻어내다가 우연히 얻어낸 중년의 여인.

가로27㎝ 세로22㎝, 캔버스, 보이정화차 / 잠깬 아이

보이정화차로 잘못 그린 그림을 물에 씻어내다 우연히 얻어낸,
잠에서 막 깬 아이 얼굴.

가로18㎝ 세로25㎝, 캔버스, 보이정화차 / 자화상 · 1

머리도 빠지고 시력도 떨어진, 흐린 기억으로 버티는 남자.

가로34㎝ 세로27㎝, 캔버스, 보이정화차 / 꽃

보이정화차로 그린 꽃잎 셋, 법륜法輪 같은.

가로34cm 세로27cm, 캔버스, 보이정화차 / 無

없다 없다 없다는 무無 자가 눈에 걸린다. 찌그러진 초가草家처럼.

지름40㎝, 캔버스, 보이정화차 / 음표

소리의 집을 짓는 형체없는 기둥들, 음표.

가로34㎝ 세로27㎝, 캔버스, 보이정화차 / 대지

대지大地 아래 잠든 나, 너, 그리고 우리.

가로34㎝ 세로27㎝, 캔버스, 보이정화차 / 꽃잎

문득 그렸다. 다섯 이파리의 꽃잎.

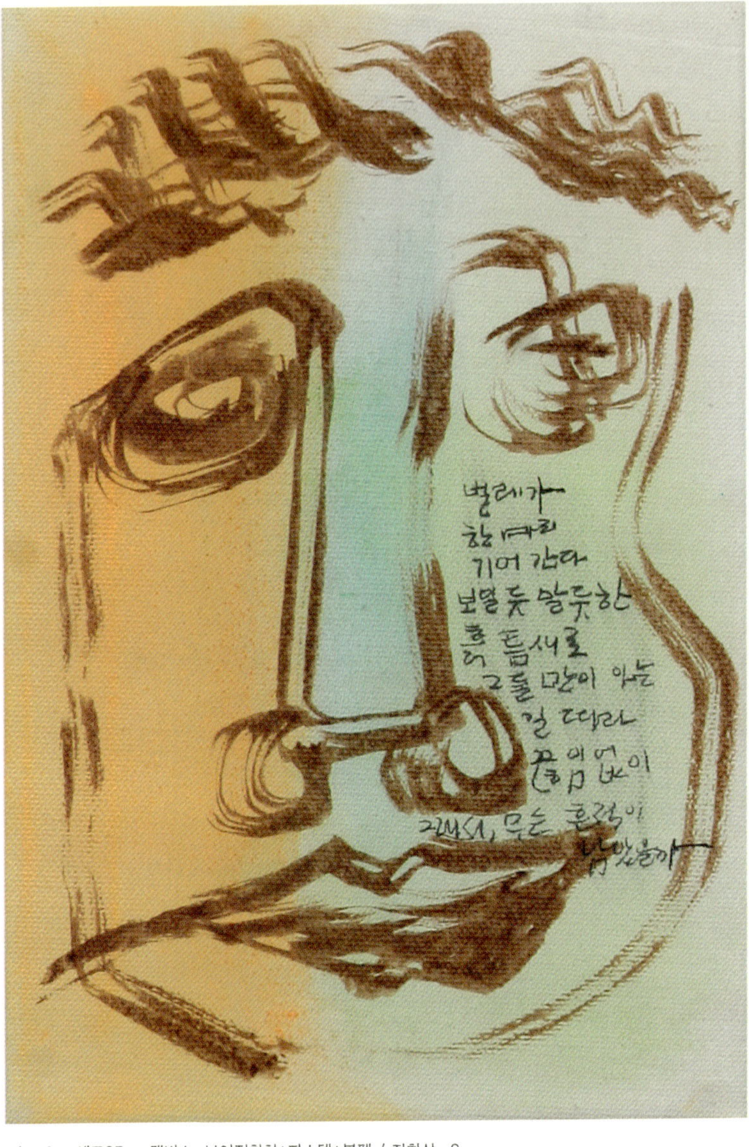

가로18㎝ 세로25㎝, 캔버스, 보이정화차+파스텔+볼펜 / 자화상 · 2

맑은 날의 생각도 우중충하다. 개미 한 마리 쳐다보듯.

가로27㎝ 세로34㎝, 캔버스, 보이정화차+파스텔+볼펜 / 중년의 달마

중년의 달마는 생각이 많아 잠도 없고 일찍 일어난다.

지름40㎝, 캔버스, 보이정화차 / 소년 붓다

얼핏얼핏 햇살이 눈에 띄는 뜨거운 마음.

가로27㎝ 세로34㎝, 캔버스, 보이정화차+파스텔 / 지워진 얼굴

웃음은 물에 씻어 지워도 자국이 남아있다.

가로32㎝ 세로40㎝, 캔버스, 보이정화차+파스텔 / 허공의 사색

대지위에 뜬 사색, 구름일까, 음표 같은 붓다.

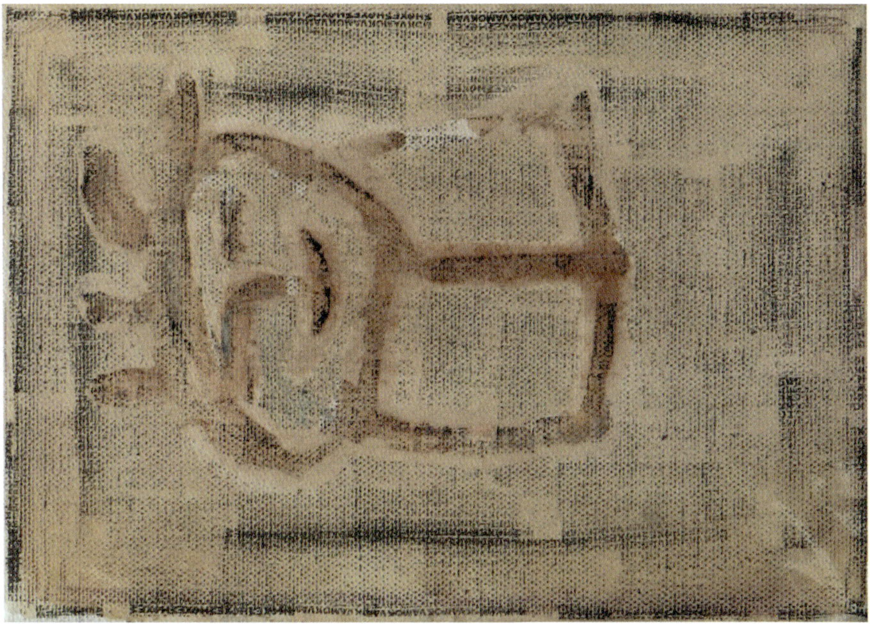

가로23㎝ 세로15㎝, 캔버스, 보이정화차+스탬프+잉크+매니큐어 / 오래된 붓다

흐린 기억을 더듬어 찾아낸, 오래된 금빛 붓다.

가로15㎝ 세로23㎝, 캔버스, 파스텔+연필+스티커 / 러브 붓다

사랑을 생각하며 사랑에 휩싸인 끝없는 생각, 러브 붓다.

가로40㎝ 세로30㎝, 캔버스, 파스텔+매니큐어+스티커 / 새 색시 붓다

신혼의 꿈에 젖은 새색시 붓다.

가로23㎝ 세로15㎝, 캔버스, 녹차+치약+먹 / 꿈꾸는 붓다

꿈속인 듯 깨어있는 듯 꿈꾸는 붓다.

지름30㎝, 캔버스, 먹+파스텔 / 환희 붓다

나는 웃는다 그러므로 나는 빛난다. 환희의 붓다.

가로27㎝ 세로34㎝, 캔버스, 매직+파스텔+꿀+쌀+스티커 / 보신불報身佛

오랜 역사 속에 드러난 온갖 붓다들 앞으로도 계속 이어질 제불諸佛.

가로52㎝ 세로45㎝, 캔버스, 파스텔+보이정화차 / 번뇌

달리는 말을 할퀴고 물어뜯는 전갈, 삶의 장애들, 번뇌들.

가로45cm 세로52cm, 목판, 신문지+한지+잡지+파스텔+보이정화차+매니큐어 / 속세 너머로 안으로

누더기 같은, 곤혹스런 삶 저 너머, 그러나 취한 삶의 안쪽이 모두 붓다의 품.

가로36cm 세로51cm, 목판, 신문지+한지+잡지+종이+파스텔+연필+볼펜+매직+보이정화차+매니큐어 / 삶의 늪

무언지도 모를 정도로 뒤섞인 삶, 지금 여기가 바로 붓다의 몸이 아닌가.

A4용지(백지), 싸인 펜+색연필 / 화분의 꽃

느리고 더딘 봄이여, 환하게 굽어 들어간 햇살 같은 틈이여.

A4용지(백지), 싸인 펜+색연필 / 꽃피는 집들 · 1

화분 같은 집들, 꽃 피는 봄, 하나 둘 집이 꽃처럼 번진다.

A4용지(백지), 싸인 펜+색연필 / 꽃피는 집들 · 2

장독대 같은 집들, 된장 같은 꽃들, 그늘도 밝다.

A4용지(백지), 싸인 펜+색연필 / 가을

가을은 알이다, 탱글탱글하다. 모두 저마다 익어서 다 찼다. 버릴 게 없다.

가로23㎝ 세로17㎝, 딱딱한 종이(책커버), 보이정화차를 칠한 뒤 찍어낸 원판 / 틈새 부처

중앙의 빈틈이 붓다. 허공을 잘 쳐다보는 자가 부처를 본다.

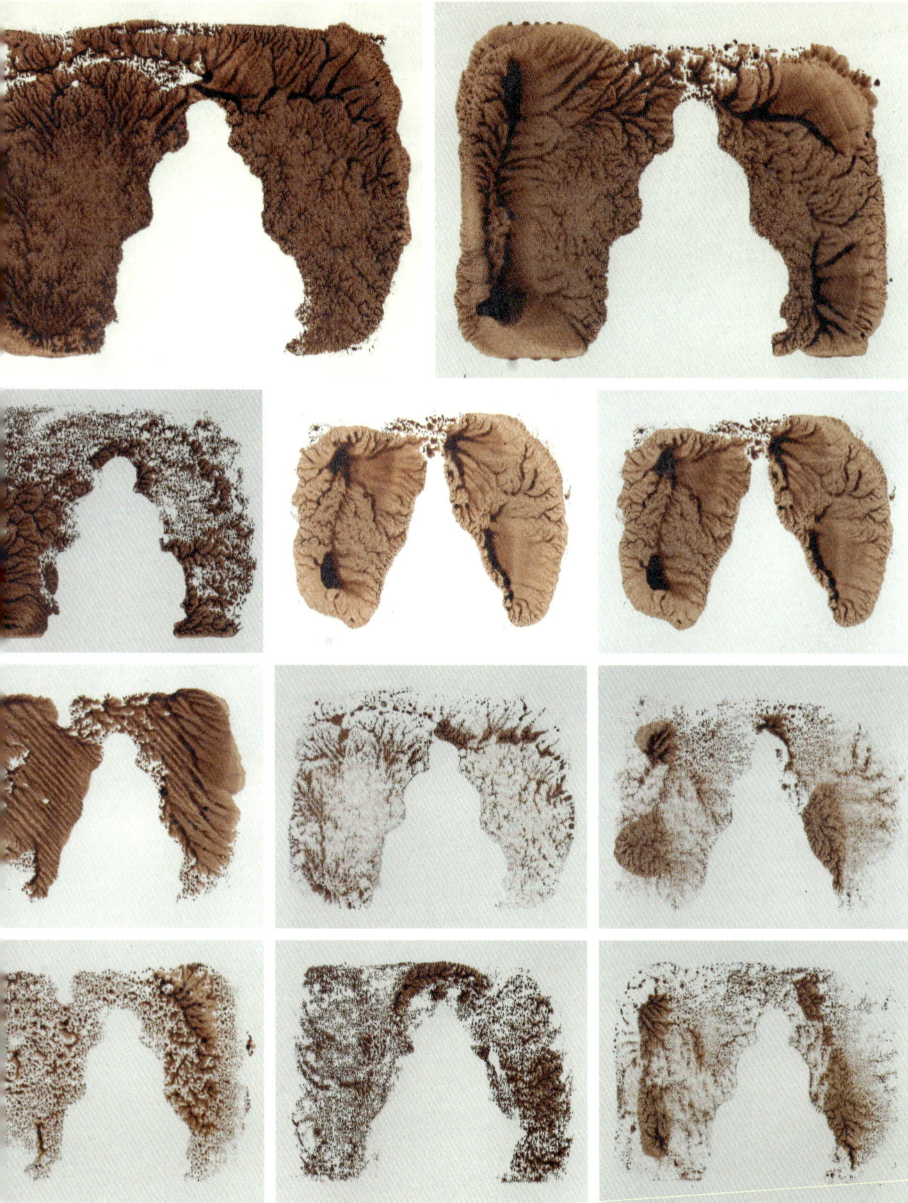

가로30cm 세로21cm, 스케치북, 보이정화차(상단 좌로부터 정확한 순서는 아님. 보이정화차가 마르면 다시 칠하면서 찍었음)

가로20㎝ 세로15㎝, 스케치 종이, 볼펜+파스텔+색연필+스티커 / 가로등+박 붓다

가로등 속에도 붓다가 산다, 넝쿨에 매달린 박 속에도.

가로28㎝ 세로34㎝, 스케치 종이, 매직+볼펜+색연필+파스텔 / 생명

무언가 끊임없이 생겨나는 그곳, 사랑인가.

가로14.5㎝ 세로20.5㎝, 책 겉표지(『사이에서 놀다』) / 사이+놀다(원 그림/휴대폰 그래픽, 각각 가로4㎝ 세로6㎝)

12종류의 놀이+장난, 지나간 시간 속의 그림. 추억은 늘 뒷북치듯 다가온다.

가로47㎝ 세로32㎝, 한지, 보이정화차 / 마을

마을을 찾아들어 가면 이야기가 있다, 두 그루의.

가로15㎝ 세로21㎝, 인쇄 이면지, 볼펜 / 노숙 달마

비행기 착륙 전 20분 동안 볼펜으로 장난치다 얻어낸 달마, 노숙자.

가로62㎝ 세로90㎝, 한지, 보이정화차 / 청년 달마

청년 시절, 호연지기를 기르며 공부하는 달마.

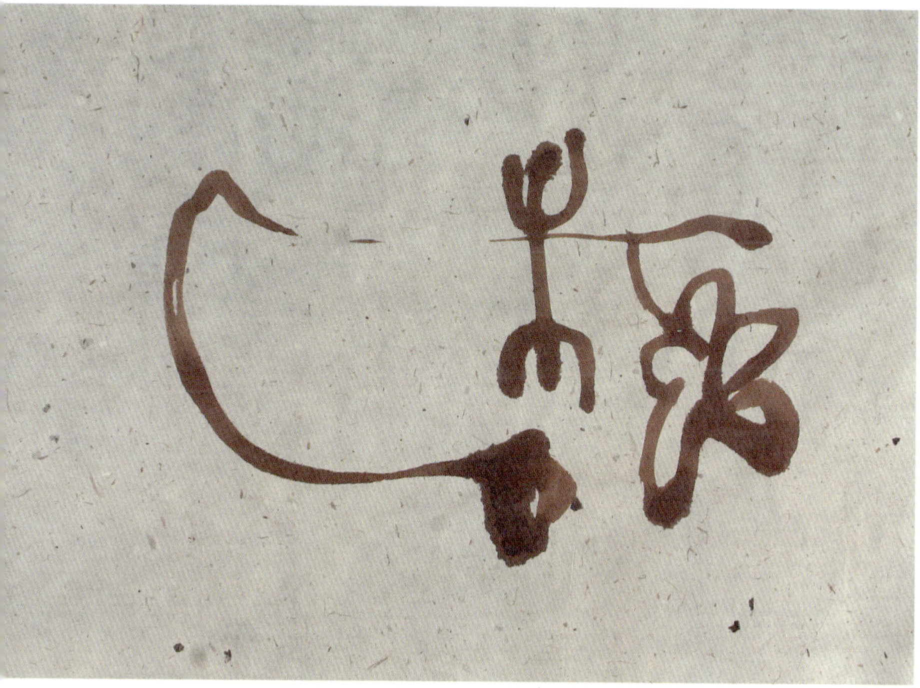

가로47㎝ 세로32㎝, 한지, 보이정화차 / 시든 꽃

시든 꽃에도 이야기가 있다. 그 이야기를 들으면 꽃이 된다.

가로62cm 세로108cm, 도화지, 파스텔 / 한복 / 양복 / 청바지 입은 반가사유상

새로운 시대를 만나, 새로운 복장으로 생각하는 반가사유상.

가로15㎝ 세로23㎝, 캔버스, 먹+매니큐어 / 금 눈 달마

엽기 달마처럼 보이나 마음이 따뜻하고 세상을 비추는 눈이 금빛이다.

가로20㎝ 세로15㎝, 스케치북, 파스텔+새연필+매니큐어 / 안개 속의 붓다

붓다, 안개 속에서 홀로 밝다-높다-빛나다.

가로20cm 세로15cm, 스캐치북, 연필+볼펜+색연필+매니큐어 / 인도 붓다

지역이 다르면 사람이 달라진다. 그 때 그곳에 있었던 붓다도 마찬가지.

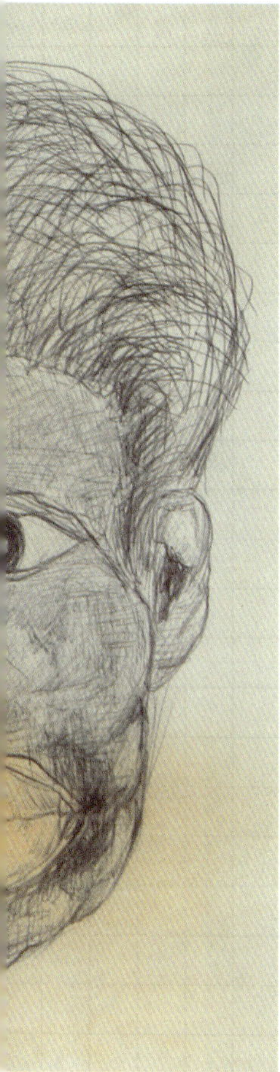

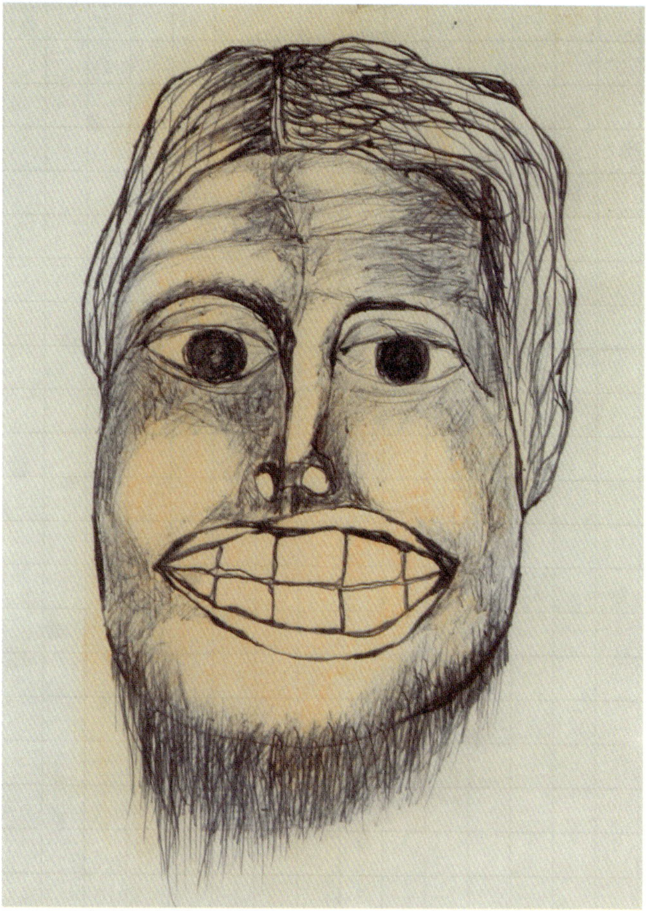

가로12㎝ 세로15㎝, 노트, 볼펜 / 바보 친구들

바보 같은 내 친구들, 밉지만 잘 웃는다. 바보, 바보, 바보.

가로 15.5cm, 세로 23cm, 캔버스, 먹+치약+보이정화차+매니큐어 / 나의 어머니

나의 어머니는 늙어도 젊다. 금빛 여인이다.